새롭게 풀어 쓴
명심보감

편집부 엮음

예감출판사

명심보감

머리말

　자신의 용모가 어떻게 생겼는지를 들여다보려면 거울이 필요하다. '마음을 밝히는 보배로운 거울'이 필요하다면 그것은 바로 '명심보감'이다.
　흐트러진 용모를 거울을 들여다보며 바로잡듯이 '명심보감'은 인격이 흐트러지는 것을 바로 잡으려는 책이다.
　우리가 사는 세상은 훌륭한 인격을 갖춘 사람을 원한다. 또 그런 사람이 일생을 원만하게 성공적으로 살아갈 수 있다
　훌륭한 인격을 갖추려면 청소년기에 무엇을 배우며 어떤 생각과 행동을 하느냐에 의해 결정된다. 이런 시기에 가장 적합한 책으로 예전부터 '명심보감'을 첫째로 꼽았다.
　'바른 인격의 형성'의 토대를 만들어 주는 훌륭한 책으로 '명심보감'은 고려 충렬왕 때 만들어졌다. 대학자 추적(秋適)이 지은 책이다. 쓰여질 당시에는 계선편·천명편 등 19편으로 구성되어 있었지만 세월이 흐르면서 증보되어 효행·권학 등의 5편이 더 첨가되었다.
　'명심보감'의 내용은 주로 권선징악의 하늘의 이치를 설명하고, 자기를 반성하여 인간 본연의 양심을 보존·계발함으로써 훌륭한 인격을 갖추는 데에 역점을 두고 있다.
　또한 삼강오륜을 바탕으로 해서 인간관계의 질서와 도리를 밝히고 있으며, 열심히 면학하여 지식을 갖춰 올바른 인간상을 성취해 갈 것을 강조하고 있다.

오늘날의 현대인들에게도 '명심보감'은 가장 잘 알려진 교재 중의 하나로 선호되고 있다. 하루가 다르게 변화하는 시대에 수백년 전의 사회에서 통용되던 책이 여전히 교재로 사랑을 받는 것은 인간의 근본에 관한 내용으로 되어 있기 때문이다

'명심보감'은 문장과 내용이 어렵지 않게 구성되어 있다. 학생들만이 아니라 일반인들도 이해하기 쉽다.

이번에 새롭게 적절한 예화를 넣어 기획 편집한 이 책은 어느 세대 누구나 손쉽게 읽을 수 있도록 했다.

개인주의와 능력주의, 경쟁주의가 판을 치는 차가운 이 시대에 이 '명심보감'은 훈훈한 인격과 참인간으로 성장하게 해 주는 책으로 손색이 없다고 자부한다.

따라서 선인들의 숨결을 오늘에 되살리고 인간의 본질적 진실과 바른 가치관, 정직한 지식의 활용을 깨우칠 수 있는 '명심보감'을 언제나 곁에 두고 펼쳐 볼 수 있기를 간절히 기대하지 않을 수 없다. 새롭게 편찬하며 원고집필과 편집과정에서 미진한 부분이나 실수가 있다면 보완해 가도록 하겠다.

시대를 초월해서 읽어 봐야 하는 명서를 여러분 곁으로 보내는 기쁨과 함께 이 책이 기름진 마음바탕을 일구는 데 작은 씨앗이라도 되기를 간절히 바란다.

차례

계선편(繼善篇)   11

천명편(天命篇)   35

순명편(順命篇)   53

효행편(孝行篇)   63

정기편(政己篇)   81

안분편(安分篇)   117

존심편(存心篇)   129

계성편(戒性篇)   151

근학편(勤學篇)   163

권학편(勸學篇)	179
훈자편(訓子篇) · 입교편(立敎篇)	183
성심편(省心篇)	203
치정편(治改篇)	237
치가편(治家篇)	247
안의편(安義篇) · 준례편(遵禮篇)	253
언어편(言語篇)	265
교우편(交友篇)	275
부행편(婦行篇)	285

*인물 서책 알아두기

일러두기

*원문의 텍스트는 현시대에 가장 적절한 내용만을 선택했다.

*원문 풀이는 현대인에게 쉽게 읽히고 이해되는 범위 내에서 직역과 의역을 함께 적용했다.

*예화는 원문이 말하고자 하는 내용에 따라 중국과 한국의 여러 자료에서 취사선택해 이해를 돕는 자료로 삼았다.

*해설은 원문이 말하고자 하는 뜻을 현대적인 의미로 보완해 주는 역할을 하도록 했다.

*원문의 출처와 그 출처의 인물과 서책에 대한 자료를 밝힘으로써 이해를 돕도록 했다.

*한문풀이를 넣은 것은 기초한자뿐만 아니라 일상에서 많이 쓰는 빈도에 따른 단어선택이어서 적절한 도움이 될 것이다.

*기타 알아두기 등의 기초지식을 중간중간에 배치함으로써 독자의 이해를 돕도록 했다.

'-인물' '서책' '해설' '한자풀이' 등은 다음과 같은 편집형태로 되어 있다. 일러두기에서 밝힌 대로 의미 이해에 큰 도움이 되어 줄 것이다.-

인물

사마온공(司馬溫公) : 1019~1086. 중국 송나라의 정치가 사가(史家). 자는 군실(君實). 시호는 문정공(文正公). 온국(溫國)에 봉해졌으므로 온공이라고 함. 왕안석의 신법(新法)에 반대한 구법파(舊法派)의 영수였다. 그러나 철종 즉위 후에는 재상이 되자 구법을 부활시킴. 그의 저서 자치통감(資治通鑑)은 294권으로 된 1300여년의 역사를 기록한 편년체(編年體) 사서(史書)의 모범이다.

서책

동악성제수훈(東岳聖帝垂訓) : 동악성제란 도교에서 모시는 성인의 하나. 태산의 동악묘의 주신(主神)이며 옥황상제를 대신하여 인간의 생명을 관장한다고 함. 이 책은 그의 가르침을 모은 것인데, 원본은 전해지지 않는다고 한다.

해설

황금과 지식은 그것 자체로는 소중한 것인데 인간이 못났기에 부끄러움을 낳는다. 재산이 3대를 가기 어렵고, 학자 집안에서 망나니가 설친다. 서로 더불어 살아가는 덕을 쌓아야 한다. 음덕을 쌓고 음덕을 베풀어 보아라.

한자풀이

積(적) : 쌓다. 쌓이다. 積善(적선)
遺(유) : 남기다. 遺言(유언)
盡(진) : 다하다. 盡力(진력)
陰(음) : 응달. 음(陰). 축축함. 陰德(음덕)

권선징악의 세상임을 분명히 하며 그것에
대한 글들을 모았다.
선하게 살아야 하는 이유와 악한 자의
종말이 무엇이며, 선과 악에
대한 변별력이 옳아야 하며
선의 도를 따르며 살라고 가르치고 있다

계선편

―

繼 善 篇

爲善者는 天報之以福하고
위선자　　천 보 지 이 복
爲不善者는 天報之以禍니라
위불선 자　　천 보 지 이 화

〈孔子〉

착한 일을 하는 사람은
하늘이 이들에게 복으로써 보답해 주시고,
악한 일을 하는 사람은
하늘이 이들에게 재앙으로써 보답해 주신다.　〈공자〉

| 해설 | 심은 대로 걷고, 원인대로 결과가 나오는 게 세상의 이치다. 창조가 있으니 종말이 있는 것이고, 윤회의 법칙에 따라 인과응보가 있다. 사랑은 사랑을 낳고, 미움은 미움을 낳는 것과 같이 선과 악의 결과는 이러한 질서에 따라 나타나게 된다.

한자풀이

爲(위) : 하다. 행하다.
報(보) : 갚아주다. 보답하다.
之(지) : 그것(지시대명사). 여기서는 善·不善을 가리킴.
以(이) : 으로써. 로서.

죽는 날까지 하늘을 우러러
한 점 부끄럼 없기를,
잎새에 이는 바람에도
나는 괴로워했다
별을 노래하는 마음으로
모든 죽어가는 것을 사랑해야지.
그리고 나한테 주어진 길을
걸어가야겠다.

오늘밤에도 별이 바람에 스치운다.

위의 시는 윤동주 시인의 '서시(序詩)'다. 예로부터 사람으로서 최고최선의 가치는 한 점 부끄러움이 없는 사람으로 사는데 있었다.
　이것을 응축하여 권선징악(勸善懲惡)을 인간의 지표로 삼았다. '춘향전'에서 악의 화신 변사또가 재앙을 받아 무릎을 꿇고, 선의 화신 이몽룡이 복을 받는 대단원의 닥이 사람의 심금을 울린 것도 이에 대한 열망 때문이었다.
　그리하여 악은 어떤 것이며 선은 무엇인가가 대중의 가슴에 선명한 잣대로 그려졌다.
　중국의 고대사에서도 선과 악은 역사의 기준이었다. 위대한 임금으로 우왕(禹王), 탕왕(湯王), 문왕(文王), 무왕(武王)을 꼽았고, 그 반대로 걸왕(桀王), 주왕(紂王), 유왕(幽王), 여왕을 포악한 임금으로 쳤다. 전자의 왕들은 백성을 사랑하며 선정을 베풀었다 하여 성인이라 불렀고, 후자의 왕들은 악하기 그지없는 후안무치라 일렀다.

그래서 선한 왕에게는 백성의 사랑을 받는 복이 주어졌고, 악한 왕에게는 재앙이 내려져 나라를 망하게 하였다.

이에 자극받은 후세 사람들은 온고지신을 말한다. 옛것부터 배워야 한다고 강조한다. 과거 속에 나타난 선과 악의 모양부터 알아두는 것이 바른 인간으로 서게 되는 길이라고 계도하고 있는 것이다.

선으로 살 것이냐 악으로 살 것이냐, 이 두 선택은 배우지 않고는 어렵다. 지나간 역사는 그걸 말해 준다.

인물

공자(孔子) : 기원전 552~479. 이름은 구(丘), 자(字)는 중니(仲尼). 춘추시대 말엽 노(魯)나라 곡부 출생. 인(仁)과 예(禮)를 바탕으로 하고 충서(忠恕)를 실천 덕목으로 하는 유교의 도를 세움. 그가 한 말과 행실을 기록한 책인 '논어(論語)'는 인류에게 큰 가르침을 주고 있다.

勿以善小而不爲하고
물 이 선 소 이 불 위
勿以惡小而爲之하라
물 이 악 소 이 위 지

〈劉備〉

착한 일이 작다고 하여 행하지 않으면 안 되고,
악한 일이 작다고 하여 이를 행해서는 안 된다. 〈유비〉

| 해 설 |

　　바늘도둑이 소도둑 되고, 티끌 모아 태산이 된다고 했다. 천 리 길도 한 걸음에 시작되고, 한 방울이 모이고 모여 강을 이룬다고 했다.
　　이와 같이 자잘한 습관이 모여 인격이 되고, 그 인격이 운명을 짓는다.
　　그러므로 악은 작은 것이라도 보지 말고, 아무리 작은 선이라도 모른 척하지 말라고 가르친 것은 절대로 무리가 아닌 것이다.

| 한자풀이 |

　　善(선) : 착하. 많다. 善惡(선악)
　　勿(물) : ∼으로써 하지 말라.
　　而(이) : 말 이을(접속사). 어조사.
　　之(지) : 지시대명사로 쓰이고 있다.

"스님, 이제 돌아가겠습니다."

도연명은 자리에서 일어났다. 너무 오래 현령의 자리를 비워두고 산속에 들어와 시간을 보낼 수 없었다.

"그러시구려. 찾아와 주어서 고맙소이다."

혜원이 따라 자리에서 일어나 함께 문밖으로 나섰다.

동림사 앞 개울에 두 사람이 이르렀다. 혜원이 합장을 하며 전송을 하려고 했다.

"자, 여기서 헤어집시다."

"스님, 조금만 더 걸으시지요. 스님이야 속세를 떠나셨으니 구름처럼 자유롭지 않습니까? 저처럼 관리로 사는 자는 여러 행동의 제약이 있지만 말입니다."

혜원은 지체하지 않고 대답했다.

"함께 좀 더 걷고 싶지만 그럴 수 없네. 마음이 시키는 대로 따라갈 수 없기 때문일세. 이 개울 앞에서 헤어지게나."

도연명은 헤어지기가 섭섭했다.

"개울을 함께 건너신 다음에 헤어지면 안 될까요?"

"여보게, 이 개울을 나는 30여년간 건너본 적이 없다네."

"그게 계율이라는 것입니까?"

"그거야 나 자신에게 세운 계율일세."

"무슨 그런 계율이 있습니까?"

"유비가 이런 말을 했지. '착한 일이 작다고 하여 행하지 않으면 안 되고, 악한 일이 작다고 하여 이를 행해서는 안 된다' 라고 말일세. 작은 계율을 지킬 수 없는 사람이 어떻게 큰 계율을 지킬 수 있겠는가?"

도연명은 문득 깨달았다. 혜원 스님의 말대로 의미가 있고 없고의 문제가 아니었다. 작은 일을 잘해야 큰일도 잘할 수 있음은 당연한 일이었다.

혜원은 중국 동진(東晋) 때의 승려였다.

그는 37년간 여산의 동림사에 머물며 불법에 정진, 정토종의 시조가 되었다.

인물

유비(劉備) : 220~263. 삼국시대의 촉한(蜀漢)의 초대 황제. 자는 현덕(玄德). 관우(關羽)와 장비(張飛)와 더불어 도원에서 결의하고 제갈량(諸葛亮)의 보필을 받아 촉 지방을 경유하여 위(魏)·오(吳)와 더불어 삼국을 형성함. 오와의 전쟁에서 패하여 병사하였다.

서책

삼국지(三國志) : 진(晋)나라의 학자 진수(陳壽:233~297)가 편찬한 것으로, 《사기(史記)》《한서(漢書)》《후한서(後漢書)》와 함께 중국 전사사(前四史)로 불린다. 위서(魏書) 30권, 촉서(蜀書) 15권, 오서(吳書) 20권, 합계 65권으로 되어 있으나 표(表)나 지(志)는 포함되지 않았다. 위나라를 정통 왕조로 보고 위서에만 〈제기(帝紀)〉를 세우고, 촉서와 오서는 〈열전(列傳)〉의 체제를 취했으므로 후세의 사가(史家)들로부터 많은 비판의 대상이 되었다. 그러나 저자는 촉한(蜀漢)에서 벼슬을 하다가 촉한이 멸망한 뒤 위나라의 조(祚)를 이은 진나라로 가서 저작랑(著作郎)이 되었으므로 자연 위나라의 역사를 중시한 것으로 여겨진다. 그 때문에 후에 촉한을 정통으로 한 사서(史書)도 나타났다.

一日不念善이면
일 일 불 염 선
諸惡이 皆自起니라
제 악 개 자 기

〈莊子〉

하루라도 착한 것을 생각하지 않으면,
여러 가지 악이 모두 저절로 일어난다.

〈장자〉

| 해설 | '악은 모양도 내지 말라'는 경전의 말도 있다. 인간의 본성은 악하다는 성악설도 있는 것과 같이 인간의 성향은 악으로 달려가기 쉽다.
진흙탕에 있으면 더럽혀지는 것과 같이 사람도 선한 생각을 하고 그러한 환경에서 살 때 악한 것과 멀리할 수 있다.

| 한자풀이 |

自(자) : 스스로. 몸소. 자기. 저절로. 自己(자기)
念(염) : 생각하다. 읊다. 念願(염원)
諸(제) : 모든. 여러. 諸君(제군)
皆(개) : 다. 모두

예화

고려 공민왕 때라면 나라가 어수선하던 시기였다.

정치를 하는 사람들은 날로 썩어 갔다. 그런가 하면 백성들은 착하게 살아가려는 사람이 더 많았다.

조금만 눈을 돌려보면 의좋은 형제들도 곳곳에 있었다.

그 중 우애 깊은 한 형제가 있었다.

장날의 일을 마치고 우애 깊은 형과 아우가 집으로 돌아가고 있었다.

이제 곧 강을 건너는 일만 남았다.

그때였다.

"저건 뭐야? 번쩍 하고 빛나잖아."

동생이 이상한 물건을 발견하고 소리쳤다. 길섶에 다가간 두 형제는 눈이 휘둥그레졌다.

"황금이잖아."

형이 소리쳤다. 두 개의 커다란 황금덩어리였다.

"이건 우리 형제에게 주는 하늘의 선물이 아닐 수 없다. 하나씩 나눠 갖자."

형과 동생은 주운 황금을 한 개씩 나눠 가졌다. 강기슭에 이른 형제는 배를 탔다.

강 한가운데 이르렀을 때였다. 동생이 갑자기 형을 불렀다.

"나 이거 필요 없어."

눈 깜짝할 사이에 황금을 강물 속에 던져 버렸다. 형이 막을 새도 없었다.

놀란 얼굴로 바라보자 동생이 까닭을 말했다.

"내가 형 좋아하는 거 알지? 그런데 이상한 마음이 생겼어.

황금덩어리를 줍고 그걸 하나씩 갖고 나서부터였지. 처음 발견한 사람은 나야. 그러니까 둘 다 내 것이지. 그런 생각이 들자 형을 미워하는 마음이 들기 시작했어."

"그래서?"

형은 동생의 다음 말이 궁금했다.

"그렇다면 이 황금은 우리 형제의 우애를 갈라놓는 시험덩어리야. 악한 생각을 자꾸 하게 되는 거야. 그래서 황금보다 형님과의 우애가 더 소중한 거라고 마음먹었어."

"그래서 버렸단 말이지?"

"그래. 형님이 더 소중한 거야."

"네 말처럼 나도 악한 생각이 자꾸 들었어. 난 네가 더 소중하다."

형은 동생을 따라 황금을 강물에 던졌다.

인물

장자(莊子) : BC 365 ~290. 전국시대의 사상가. 이름은 주(周)이며 송(宋)나라 사람. 노자의 무위자연(無爲自然)의 학설을 이어 받아 크게 발전시켜 노자사상을 이룩하였고, 도가(道家)를 완성하였다. 만물의 근원을 도(道)로 파악하고 일체의 인위(人爲)를 배격하여 자연의 법칙에 따라 절대적 자유의 경지에서 소요(逍遙)할 것을 주장하였다.

見善如渴하고 聞惡如聾하라
견 선 여 갈　　문 악 여 롱
善事란 須貪하고 惡事란 莫樂하라
선 사　수 탐　　악 사　　막 락

〈太公望〉

착한 일을 보면 목마른 것 같이 하고,
악한 일을 들으면 귀머거리 같이 하라.
착한 일은 모름지기 탐내어야 하고,
악한 일은 즐겨 해서는 안 된다.

〈태공망〉

| 해설 |

학교 교훈 가운데 '착한 사람이 되자'라는 게 많다. 교육이란 무엇인가 대한 간명한 설명으로 '좋은 습관'을 들이는 것이라고 한다.
지식의 습득만이 교육이 아니라 선악에 대한 분별력과 능력을 기르는 것, 특히 악을 멀리하고 선을 좇아 살게 하는 것이 교육의 기본임은 예나 지금이나 같다.

| 한자풀이 |

見(견) : 보다. 생각해 보다. 見學(견학)
渴(갈) : 목이 마르다. 渴症(갈증)
聞(문) : 듣다. 알다. 新聞(신문)
莫(막) : 없다. 말다.

예화

정붕은 오늘도 유자광이 있는 집 쪽을 바라보며 탄식했다.
"언젠가는 그의 죄가 드러날 날이 올 텐데."
나라의 앞날을 염려했다.
유자광은 정붕의 친척이기도 했다. 정붕이 청렴하게 살려고 하는 선비인데 비해 유자광은 온갖 악행을 일삼는 잔인한 자였다.
유자광은 높은 관직에 오르기 위해 남을 짓밟는 것은 예사였다. 그가 얼마 전 죽인 남이 장군만 해도 스물여섯에 병조판서가 된, 나라의 큰 인물이었다.
남이 장군만이 아니었다. 유자광은 자신의 뜻을 따르지 않는 자면 가차 없이 죄목을 씌워 죽였던 것이다.
정붕은 갈수록 염려했다. 나라 안에 유자광을 대적할 인물이 없었던 것이다. 그래서 지금도 유자광이 사는 집 쪽을 향해 바라보고 있던 시선을 거둘 수 없었다.
정붕은 조금 전에 하인을 시켜 유자광의 집에 보내놓고 있었다. 이제나 저제나 하인이 돌아오기를 기다리고 있던 중이었다.
사실 하인을 보낸 것도 정붕이 짜낸 꾀였다.
자신이 직접 찾아가 인사를 해야 했다. 그러나 그럴 수 없었다. 자신이 유자광의 집에 발을 들여놓는다는 것은 악을 쫓는 일이었다.
그렇다고 아예 발을 끊는다면 유자광이 어떤 보복을 해올지 알 수 없었다. 그런 끝에 생각해 낸 것이 대신 하인을 보내 문안을 드리는 일이었다.

그런데 유자광의 집에 간 하인이 그 집 하인들과 놀다가 뒤늦게 돌아오고는 했다. 주인 정붕의 마음을 하인들이 헤아릴 리 없었다.

생각하다 못해 짜낸 게 하인의 옷 안 팔뚝에다 밧줄을 꽁꽁 묶어 보내고는 했다. 오래 아픔을 견딜 수 없게 해서 속히 돌아오게 했던 것이다.

이렇듯 정붕은 유자광의 마수에서 벗어나려고 했다. 그리하여 뒷날 유자광이 죄목에 따라 처벌을 받게 될 때 그 화에서 정붕은 피할 수 있었다.

악한 일은 즐겨 해서는 안 된다는 철칙을 그는 지켰던 것이다.

> 인물
>
> **태공(太公)** : 중국 주(周)나라 초기의 현자이며 정치가. 성은 강(姜), 이름은 상(尙). 혹은 태공망(太公望)이라고도 한다. 위수(渭水)에서 낚시질을 하다가 문왕(文王)의 스승으로 기용되어, 무왕(武王)을 도와 폭군 주왕(紂王)을 타도하고 천하를 평정하는데 큰 공을 세웠다.

積金以遺子孫이라도 未必子孫이 能盡守요
적 금 이 유 자 손   미 필 자 손   능 진 수
積書以遺子孫이라도 未必子孫 能盡讀이니
적 서 이 유 자 손   미 필 자 손   능 진 독
不如積陰德於冥冥之中하여 以爲子孫之
불 여 적 음 덕 어 명 명 지 중   이 위 자 손 지
計也니라
계 야   〈司馬溫公〉

금을 쌓아 그로써 자손에게 남겨 주어도 반드시 그 자손이 능히 다 지키지 못하고, 책을 쌓아 그로써 자손에게 주어도 반드시 그 자손이 능히 다 읽지 못한다.
그러므로 음덕을 남모르는 가운데 쌓고 쌓아 그로써 자손을 위한 계책을 삼음만 못하다. 〈사마온공〉

| 해설 | 황금과 지식은 그것 자체로는 소중한 것인데 인간이 못났기에 부끄러움을 낳는다. 재산이 3대를 가기 어렵고, 학자 집안에서 망나니가 설친다. 서로 더불어 살아가는 덕을 쌓아야 한다. 음덕을 쌓고 음덕을 베풀어 보아라.

| 한자풀이 |
　　積(적) : 쌓다. 쌓이다. 積善(적선)
　　遺(유) : 남기다. 遺言(유언)
　　盡(진) : 다하다. 盡力(진력)
　　陰(음) : 응달. 음(陰). 축축함. 陰德(음덕)

예화

 중국 춘추시대 대 일이다. 초나라의 손숙오는 어린 시절 착한 일을 한 일이 있었다.
 그날 밖에서 뛰놀다가 머리가 둘 달린 뱀을 보았다. 양두사였다. 손숙오는 가슴이 철렁했다. 며칠 후면 자신이 죽게 될 것이라고 생각되었다. 손숙오는 어디선가 그런 말을 들었던 것이다.
 그런 가운데도 손숙오는 양두사를 다른 사람이 볼 것이 걱정되었다. 다른 사람까지 죽게 할 수 없었다. 그래서 곽대기를 들어 양두사를 죽였다.
 집에 돌아온 손숙오는 슬피 울었고, 어머니는 전후 사실을 알았다. 빙그레 미소를 띠며 어머니가 말했다.
 "너는 결코 죽지 않는다. 오히려 네가 한 일은 음덕을 쌓은 일이다. 하늘은 덕행을 쌓은 사람을 모른 체하지 않는다."
 손숙오는 성인이 된 후, 초나라의 국력을 쌓는 벼슬에까지 나아갔다. 청렴했던 그가 죽을 때는 재산을 남긴 게 별로 없었다. 그의 후손은 가난하고 벼슬에도 오르지 못했다.
 어느 해, 왕이 연회를 연 자리에 죽은 손숙오가 나타났다. 놀란 왕은 그의 손을 덥석 잡았다. 나라의 형편이 좋지 않았던 때라 왕은 손숙오 같은 인물을 갈망하고 있었던 차였다. 왕은 자신이 잡고 있는 손이 사실은 광대라는 것조차 잊고 있었다.
 연회에는 종종 광대가 등장하는 게 관례였다. 얼굴에 분장을 하고 나타나 주흥을 돋우어 주는 춤을 추거나 재담을 하고는 했다. 이날에도 광대가 주흥을 돋우고 있었는데 임금은 그가 광대라는 사실도 잊은 채, 손숙오가 살아 돌아온 줄로만 알았다.

"나를 도와주구려. 나라가 너무도 어렵소."

"그럴 수 없습니다. 지난 날 저는 몸을 바쳐 일했습니다. 하지만 지금 제 후손들은 살기가 막막해져 떠돌고 있습니다. 어떻게 제가 다시 벼슬을 할 마음이 있겠습니까?"

왕은 민망하고 부끄러웠다. 그러는 사이에 손숙오는 사라지고 왕의 시선에 광대가 보였다. 광대가 순식간에 분장한 옷을 벗고 분장을 지웠던 것이다.

왕은 광대의 분장이었다는 것을 깨닫자 버럭 화가 났다. 그러나 그럴 수 없었다. 궁궐에서의 연회에 광대는 종종 왕을 풍자하는 일이 있었다. 너그럽게 받아주어야 왕다운 도량이었기 때문이었다. 그런 생각을 하고 있는데 광대가 왕에게 말했다.

"저는 며칠 전에 거리에서 우연히 손숙오의 아들을 마주친 일이 있었습니다. 하지만 가난해 남의 집 품을 팔고 있었습니다. 한 때 나라의 재상을 지냈던 집안의 자식이 그런 푸대접을 받고 있다면 누가 나라를 위해 열심히 일을 하겠습니까?"

"비록 너는 광대지만, 내게 큰 깨달음을 주었다."

왕은 그날로 손숙오의 후손들을 돌보아주었다. 후세 사람들은 이것을 두고 손숙오의 음덕이 그 자손에게 미쳤다고 말하기를 서슴지 않았다.

인물

사마온공(司馬溫公) : 1019~1086. 중국 송나라의 정치가, 사가(史家). 자는 군실(君實). 시호는 문정공(文正公). 온국(溫國)에 봉해졌으므로 온공이라고 함. 왕안석의 신법(新法)에 반대한 구법파(舊法派)의 영수였다. 그러나 철종 즉위 후에는 재상이 되자 구법을 부활시킴. 그의 저서 자치통감(資治通鑑)은 294권으로 된 1300여년의 역사를 기록한 편년체(編年體) 사서(史書)의 모범이다.

恩義를 廣施하라 人生何處不相逢이랴
은 의   광 시   인 생 하 처 불 상 봉
讐怨을 莫結하라 路逢狹處면 難回避니라
수 원   막 결   노 봉 협 처   난 회 피
〈景行錄〉

은혜와 의리를 널리 베풀어라. 사람이 살다보면 어느 곳에서든지 서로 만나지 않겠는가?

원수를 맺지 말라. 길이 좁은 곳에서 만나게 되면 피하기 어렵다.   〈경행록〉

| 해 설 |

　　은혜를 모르면 개만도 못하고, 의리를 지키지 않으면 도리가 아니라 했다. 남에게 상처를 주는 일, 남에게 피해를 주는 일, 남을 미워하는 일, 배반하는 일이 곧 원수를 맺는 일이다.

　　세상은 넓은 것 같지만 좁아서 외나무다리에서 원수를 만난다. 어느 날 외길에서 아무개와 마주쳤다. 도망갈 구멍을 찾아야 했다. 은혜와 의리를 저버렸거나, 지난 날 원수를 맺었던 때문이리라.

| 한자풀이 |

　　廣(광) : 넓다. 廣野(광야)
　　施(시) : 베풀다. 施惠(시혜)
　　結(결) : 맺다. 結婚(결혼)
　　狹(협) : 좁다. 狹小(협소)
　　避(피) : 피하다. 避難(피난)

"김하서가 염병으로 고생을 한단 말이지?"

유희춘은 하서의 병이 걱정이 되었다. 전염병이라 사람들이 가까이 하려 하지 않아 거의 죽을 지경이 되었다는 소식을 듣고 가만히 있을 수 없었다. 찾아가 손을 써야겠다고 일어서자 주변에서도 눈살을 찌푸렸다.

"아니다. 김하서는 내가 어렸을 적에 한 글방에서 공부를 한 벗이야. 내가 살려줘야지."

당시 유희춘은 학유로 있었는데, 생원으로 있는 김하서의 집으로 급히 달려갔다. 다 죽어 가는 그를 집에 옮겨다 놓고 손수 약을 달여 먹이면서 극진히 간호했다.

"고맙네. 자네 덕분에 죽을 목숨을 건졌으니 죽을 때까지 잊지 않겠네."

김하서는 다행히 병석에서 일어났다. 집으로 돌아가던 날 유희춘의 손을 꼭 잡고 감사의 말을 했다.

뒷날 유희춘이 귀양을 갔다. 아무도 귀양을 간 집안과 혼사를 맺을 생각을 하지 않았다. 이때에 김하서가 딸을 앞혀 놓고 지난날 있던 일을 들려준 뒤 권했다.

"네가 그 집에 시집을 가야 한다."

이렇게 해서 유희춘과 김하서의 집안이 하나가 되었다. 사람들은 이 두 사람을 참으로 어질다고 말했다. 은혜와 의리를 겸하여 지킨 사람이었다. 유희춘은 조선 선조 때 부제학을 지낸 사람이다.

於我善者도 我亦善之하고
어 아 선 자   아 역 선 지
於我惡者도 我亦善之하고
어 아 악 자   아 역 선 지
我旣於人에 無惡 人能於我에 無惡哉인저
아 기 어 인   무 악   인 능 어 아   무 악 재
〈莊子〉

나에게 착하게 하는 사람에게도 나 또한 그에게 착하게 대하고 나에게 악하게 대하는 사람에게도 또한 나는 그에게 착하게 대해야 한다. 내가 이미 남에게 악하게 한 일이 없다면 남도 나에게 악하게 하지 못할 것이다. 〈장자〉

| 해설 | 상대적이라는 말을 상기해 본다면 악과 선이라는 것도 여기에 딱 들어맞는다. 대개는 악을 악으로 갚는다. 개인의 싸움이 이러한데 나라 사이의 전쟁은 더욱 상대적이다. 미국 뉴욕의 쌍둥이빌딩을 덮친 비행기테러사건 이후, 선과 악이라는 이름의 대결은 극명한 모습으로 등장했다.
그러나 악을 선으로 대하지 않는 한 악순환은 그칠 수 없다.

| 한자풀이 |
於(어) : ~에, ~에게
亦(역) : 또, 또한, 亦是(역시)
旣(기) : 벌써, 이미, 旣往(기왕)
哉(재) : 감탄종결사, 의문종결사

　우여곡절 끝에 진나라가 조나라의 성을 빼앗았다. 그런 뒤 진이 조에게 평화교섭을 통고해 왔을 때, 조나라 혜문왕은 두려워 망설였다.
　이런 때에 대장군 인상여와 염파가 왕에게 나아가,
　"왕께서 이에 응하지 않으시면 우리 조나라가 약하고 비겁하다는 걸 보여주는 결과가 됩니다."
　권했다. 왕은 따르기로 했다. 인상여가 왕을 모시고 가기로 하고, 염파는 남아서 나라를 지키기로 했다.
　문제가 일어난 것은 혜문왕이 진나라 왕이 베푼 주연상에서였다. 진나라 왕이 혜문왕을 낮춰 보는 태도를 취한데 대해 인상여가 지혜롭게 잘 대처해 혜문왕을 궁지에서 빠지지 않도록 했다. 얼마 뒤 귀국한 혜문왕은 인상여의 공을 높이 사 경대부 자리에 임명했다. 염파는 인상여가 자기보다 높은 자리에 오르자 불만을 억누를 수 없었다.
　"나는 혁혁한 전공을 세운 자다. 인상여는 겨우 입과 혀를 움직였을 뿐인데 나보다 벼슬이 높아졌다. 그런데다가 인상여는 비천한 계급의 출신자다. 내가 그런 자의 아래에 있을 수 있겠는가? 상여를 만나기만 하면 크게 모욕을 주겠다."
　이러한 사실을 들은 인상여는 염파와 마주치지 않도록 조심했다. 그 뿐만 아니라 조정에서의 조회 때에도 병이라 일컫고 불참하고는 했다.
　한번은 외출한 인상여가 저만치 염파의 일행이 지나가 것이 보이자 옆 골목으로 피해 몸을 가렸다.

이에 인상여의 하인들이,

"우리가 대감을 모시는 것은 그 높으신 뜻을 존경하기 때문입니다. 그런데 염 장군을 호랑이처럼 두려워하여 이렇게 피해 다니시니, 그 까닭을 알 수 없습니다."

불만을 터뜨렸다. 인상여가 태연히 대답했다.

"너희들 생각에 염 장군과 진나라 왕과 어느 쪽이 더 무섭다고 생각하느냐?"

"그야 진왕입지요."

"그런 진왕을 얼마 전 진나라에 갔다가 내가 꾸짖은 일이 있었다. 그런 내가 염 장군을 겁내고 있다고 너희들은 생각하느냐?"

그렇게 말을 뗀 상여는 다음과 같이 덧붙였다.

"진나라가 우리나라를 함부로 넘보지 않는 것은 염 장군과 내가 있기 때문이다. 내가 염 장군과 맞서 싸운다면 진나라에 기회를 주는 일이고, 결국에는 나와 염 장군도 살아남지 못하는 일이 된다. 왜 내가 염 장군을 피하는지 알겠느냐?"

"네!"

하인들은 일제히 소리쳐 대답했다. 인상여는 국가의 위난을 먼저 생각했고, 개인적인 원망은 뒤로 돌려놓았던 것이다.

이러한 상여의 태도가 염파에게 알려졌다. 염파는 부끄럽기 그지없었다. 그 길로 벌거벗은 몸에 가시나무를 지고 인상여를 찾아가 사죄했다.

"이 천한 사람이 장군의 깊은 뜻과 아량을 헤아리지 못했습니다."

그 날로 두 사람은 친구가 되었다. 목에 칼을 들이대도 변하지 않는 사이가 되었다.

一日行善이라도 福雖未至나 禍自遠矣요
일일행선   복수미지   화자원의
一日行惡이라도 禍雖未至나 福自遠矣니
일일행악   화수미지   복자원의
〈東岳聖帝垂訓〉

하루 착한 일을 하면 복은 비록 당장에 오지 않더라도 재앙은 스스로 멀어질 것이요,
하루 악한 일을 하면 재앙은 비록 당장에 오지 않더라도 복은 스스로 멀어지는 것이다. 〈동악성제수훈〉

| 해설 | 악과 재앙은 몸속에 침입한 병균과 같아서 잠복해 있다가 질병으로 둔갑한다. 얼핏 보면 악행을 계속 저질러도 모든 게 잘 되어 간다. 그러나 어느 시점에 가서 재앙이 그 대가로 불어 닥친다.
 일기를 쓰는 것도, 또 많은 사람들이 하루를 정리하는 글을 남기는 것도 그 만한 이유가 있다. 쓰면서 반성하게 되고 실수와 어리석음도 챙기게 된다. 자신의 악한 모습에 눈을 뜨기도 한다.

| 한자풀이 |

雖(수) : 비록. ~라 하더라도
至(지) : 이르다. 미치다. 닿다
未(미) : 아니다. 아직 ~하지 못하다. 未熟(미숙)
遠(원) : 멀다. 아득하다. 遠征(원정)

조석윤은 오늘도 자신의 상관인 병마절도사(지금의 지역 사령관에 해당됨)에게 문안드리기를 잊지 않았다.

"지난밤 편히 주무셨습니까?"

하루도 거르지 않는 조석윤이었다.

병마절도사는 늦잠을 잘 수 없었고, 어떤 때는 몹시 귀찮기도 했다.

"이제 그만 와도 되네."

사정을 했지만, 조석윤은 다음날도 변함이 없었다.

"번거롭기야 하시겠지요. 하지만 제가 이곳 진주 목사로 부임해 오면서 스스로 작정한 게 이 아침문안입니다. 받아 주십시오. 개인을 위해서가 아니라 나라의 벼슬이 존귀한 것에 대한 마음의 자세라고 알아주신다면 고맙겠습니다."

이러한 조석윤이었다.

그가 젊었을 때의 일이다.

하루는 조석윤이 한강에서 배를 타고 건너다 배가 뒤집힌 일이 있었다.

이를 목격한 마을 사람이 조석윤의 아버지에게 달려와 알렸다. 하지만 아버지는 크게 걱정하지 않았다.

"내 생각은 다르네. 아들은 평소 경솔한 생각이나 행동을 하지 않는 성품이지. 늘 신중하게 처신해 오고는 했으니까 아들에게 큰 재앙이 닥치지는 않을 거라고 생각하네."

"이 두 눈으로 똑똑 보았는데도 말이오? 배가 물결에 휩쓸려 뒤집히는 걸 분명 보았고, 그 배에 자네 아들이 타는 것도 보았는데도 그러네. 자네 아들은 죽었네."

"난 내 아들을 믿지. 선을 행하기를 힘쓰는 자에게 재앙은 절로 멀어진다고 했으니 말이야."

아버지의 말대로 조석윤이 대문을 밀고 들어섰다.

그가 그 배에 탔던 것은 목격자의 말대로 사실이었다.

그러나 그는 잠시 뒤 문제의 배에서 내렸던 것이다.

"아버님, 배에 너무 많은 것을 태운 것을 보고 위험하다는 생각을 했지요. 제 말을 듣고 내린 사람은 살았지만, 막무가내로 타고 있던 사람들은 그런 불행을 당하고 말았습니다."

그렇게 해서 조석윤은 다음 배를 타고 건너게 되어 재앙을 피할 수 있었다.

서책

동악성제수훈(東岳聖帝垂訓) : 동악성제란 도교에서 모시는 성인의 하나. 태산의 동악묘의 주신(主神)이며 옥황상제를 대신하여 인간의 생명을 관장한다고 함. 이 책은 그의 가르침을 모은 것인데, 원본은 전해지지 않는다고 한다.

'하늘의 이치'에 대한 글들을 도았다.
천명은 하늘의 섭리임으로
엄정하지 않을 수 없다.
말과 행동을 하는 데 있어서
살펴야 할 것은 바로 이 천명에 있음을 염두에
두고 조심하며 살아갈 것을 가르치고 있다.

천명편

一

天 命 篇

順天者는 存하고
순 천 자　　존
逆天者는 亡이니라
역 천 자　　망

〈孔子〉

하늘에 순종하는 자는 살고,
하늘을 거역하는 자는 망한다.

〈공자〉

| 해설 | 　무슨 고약한 일이 터지면 '하늘 두려운 줄 알라'라는 말이 새삼스럽다. 죄 있든 없든 자연의 이치에 어긋나게 살면 그 자신이 먼저 알고 가슴이 섬뜩해 진다.
"아, 내가 하늘의 뜻을 어겼구나."
　누가 가르쳐 주지 않았는데도 괴로워한다. 인간은 누구나가 할 것 없이 하늘의 뜻에 따라 사는 천명(天命)을 삶의 최고 가치로 여기기 때문이다.

| 한자풀이 |

天(천) : 하늘. 天命(천명)
順(순) : 좇다. 따르다. 순하다. 順應(순응)
存(존) : 있다. 存在(존재)
逆(역) : 거스르다. 배반하다. 어기다. 逆賊(역적)
亡(망) : 망하다. 달아나다. 죽다. 亡國(망국)

왕건과 견훤의 이야기는 방송드라마로도 널리 알려졌다.

백성이 따르는 지도자의 특징을 눈여겨 볼 수 있게 해 준 역사극이었다. 그 중의 하나가 하늘을 거역하는 일이 없었다는 점이다.

후백제를 일으킨 견훤은 포악한 면을 자주 들어냈다. 힘을 믿고 그 힘에만 의지했던 것이다. 폭력이 하늘을 거슬리는 일이라는 것을 알지 못했던 것이다.

견훤의 아들도 매한가지였다.

그는 아버지를 제거하려는 역천자의 길을 걸었다. 끝내는 믿었던 아들이 칼을 들이댔다.

이때의 그 배신감은 얼마나 컸겠는가. 그가 갈 곳은 왕건의 고려밖에 없었다.

그런 반면 궁예를 내쫓은 왕건은 순천자의 자세를 취했다. 돌아선 민심을 바로 잡기 위해 백성의 고초를 헤아렸다.

제도를 고치고 세금을 감해 백성의 평안을 도모했던 것이다. 점차 왕건의 고려가 신뢰를 얻어 갈 수 있었다.

하늘의 뜻을 거역하지 않는 것이 평화라면. 하늘의 뜻에 반하는 것이 백성을 괴롭히는 일이었다.

고려가 민심을 얻자 후백제와 신라의 백성들이 고려로 몰려든 것은 당연한 일이었다.

天聽이 寂無音하니 蒼蒼何處尋고
천 청   적 무 음   창 창 하 처 심
非高亦非遠이라 都只在人心이니라
비 고 역 비 원   도 지 재 인 심

〈邵康節〉

하늘의 들으심이 고요하여 소리가 없으니,
푸르고 푼른 속 그 어느 곳에서 찾을 것인가.
높이 있는 것도 아니고 또 멀리 있는 것도 아니라
모두 다만 사람의 마음속에 있는 것이다. 〈소강절〉

해설

"하늘은 왜 말이 없으십니까?"
탄식할 때가 있다. 하늘이 귀가 있어야 들을 일이고 입이 있어야 말을 할 것이다. 그것을 알면서도 인간은 끝없이 묻는다. 그러다가 무언가 들려왔다고 믿게 된다.

인간의 본성에 천심(天心)을 헤아릴 수 있는 바탕이 있다. 양심적 도덕률이 그것이다. 그래서 인심(人心)이 곧 천심이라 믿게 되는 것이다.

한자풀이

聽(청) : 듣다. 받다. 받아들이다. 聽從(청종)
寂(적) : 고요하다. 쓸쓸하다. 寂寞(적막)
蒼(창) : 푸르다. 우거지다. 무성해지다. 蒼空(창공)
都(도) : 모두
只(지) : 다만. 뿐

예화

안탄대의 일생은 마음을 낮춰 살아간 사람이다.

딸 창빈이 조선 중종의 후궁이 되었으니 얼마든지 높은 자리에 나아갈 수 있었다.

그럼에도 그는 그렇게 하지 않았다.

나중에 창빈에게서 난 둘째 왕자는 선조 대왕이 되었다. 손자가 임금이 된 것이므로 안탄대의 지위 또한 그만큼 높아진 것이다.

앞에 걸릴 것이 없게 된 그였다.

하지만 안탄대는 비단옷을 입지 않았고, 마음은 더욱 검소하게 가졌다.

딸이 왕자들을 낳을 때의 일이다. 친인척 지인들이 그의 집으로 달려와 인사를 하려고 했다.

하지만 그는 문을 굳게 닫아걸고 밖으로 나갈 생각조차 하지 않았다. 왕자의 외가라는 것조차 드러내려고 하지 않았다.

한번은 선조가 담비가죽으로 옷을 지어 보내려고 했다. 외할아버지를 위안해 주려는 순수한 뜻에서였다.

그런데 평소 외할아버지 안탄대의 성품을 알고 있는 터라 사람을 시켜 은근히 의향을 알아오게 했다.

"이미 옷을 지어 놓았으니 사양하지 마시고 받으십시오."

안탄대는 그 말을 듣고 어쩔 줄을 몰라 했다.

차라리 죽겠다는 말까지 했다.

"나는 천한 사람이요. 담비가죽을 입는다는 것은 죄를 짓는 일입니다. 게다가 임금의 명령까지 어긴 자가 되었으니 죽어 마땅한 일이오."

안탄대의 겸양에는 다른 뜻이 있었던 게 아니었다.

마음을 맑게 하여 하늘의 소리, 즉 천심을 들으려는데 있었다. 재물이나 권력에 마음이 쏟아지게 되면 그 본성을 잃게 된다는 것이 그의 생각이었다.

선조는 마지못해 머리를 썼다.

담비가죽을 개가죽이라 속여 옷을 내려 보냈다. 그것을 받아든 안탄대는 손으로 어루만져 보다가 감탄했다.

"궁궐의 개는 다른 데가 있나 보군. 털이 이렇게 부드러울 수 없구나."

그제서야 옷을 입은 안탄대는 그 무렵 노쇠해 눈이 잘 보이지 않았다.

손만의 감촉으로 그런 말을 했던 것이다.

인물

소강절(邵康節) : 1011~1077. 중국 송나라의 학자. 이름은 옹(雍), 자는 요부(堯夫), 강절(康節)은 시호임. 그는 주돈이의 이기론(理氣論)에 대해 상수론(象數論)을 세운 사람이다.

人間私語라도 天聽은 若雷하고
인 간 사 어   천 청 약 뢰
暗室欺心이라도 神目은 如電이니라.
암 실 기 심   신 목 여 전

〈玄帝垂訓〉

인간들의 사사로운 말일지라도
하늘의 들으심은 우뢰와 같고,
어두운 방안에서 마음을 속일지라도
귀신의 눈은 번개와 같다.   〈현제수훈〉

| 해설 |

마음이 말이 되어 나오고, 말이 행동으로 이어지게 되면 그 행동의 근원은 마음에 있는 것이다. 이 순훈의 연결은 톱니바퀴처럼 물려 있다.

남을 속일 수 있다. 하늘도 깜짝 모를 것이라고 자신할 수 있다. 그렇게 속인 자신은 잘 안다. 자신이 어떤 누구인가를. 술병이 깨지면 나오는 것은 술이고 나는 것은 술 냄새일 뿐이다. 그렇다면 우리는 가슴에 무엇을 품으며 살아야 하는가?

| 한자풀이 |

雷(뢰) : 우레, 천둥. 雷聲(뇌성)
暗(암) : 어둡다. 몰래. 暗鬪(암투)
室(실) : 집. 방. 거처. 室內(실내)
欺(기) : 속이다. 거짓. 허위. 欺瞞(기만)
電(전) : 번개. 電光石火(전광석화)

예화

홍인우는 조선조 때 인물로 벼슬에 뜻을 두지 않고 평생을 살았다. 그의 관심은 오직 학문뿐이었다.

그런 한편 그의 생활은 늘 경건했다. 몸과 마음을 늘 반듯하게 가졌다.

그의 아내가 보기에도 지나치다 싶었다. 남이 보지 않는다고 흐트러지는 법이 없었고, 어둠 속에서도 똑바른 태도를 잃지 않았다.

"여보, 좀 편안하게 사시는 게 좋잖아요."

아내가 말해도 매한가지였다. 그래서 그 연유를 물었다.

"그렇게 경건하게 살아야 할 까닭이 있습니까?"

홍인우는 아내를 바라보며 대답했다.

"현제수훈의 가르침을 당신도 알 것이오. 인간들의 사사로운 말일지라도 하늘의 들으심은 우뢰와 같고, 어두운 방안에서 마음을 속일지라도 귀신의 눈은 번개와 같다고 했소."

말하자면 위에서는 하늘이 내려다보고 있고, 아래서는 땅이 자신의 몸을 떠받쳐 주고 있다는 것이었다.

그러므로 보이지 않는다고 몸과 마음을 함부로 해서는 안 된다고 아내에게 설명했다.

이러한 홍인우는 대학자 서경덕과 이황의 제자였다.

서책

현제수훈(玄帝垂訓) : 현제는 도교의 신의 하나. 수훈이란 훈계를 내린다는 것이며, 이 책은 현존하지 않고 있다.

惡鑵이 若滿이면
악 관   약 만
天必誅之니라
천 필 주 지

〈益智書〉

나쁜 마음 가득 차게 되면
하늘이 반드시 벌을 내릴 것이다.

〈익지서〉

| 해설 | 증오와 시기, 질투와 분노, 저주와 거짓 따위는 그 기세가 일어난 만큼 쉽게 꺾이지 않는다. 위선과 교만, 불만과 비방, 살의와 협잡 따위도 역시 매한가지다.

불길처럼 일어나는 나쁜 마음은 그 싹부터 잘라내지 않는다면 걷잡을 수 없다. 차고 넘쳐 흐르는 것을 무슨 수로 막을 것인가.

하늘이 그런 사람을 가만 두지 않는다는 것은 정한 이치다.

| 한자풀이 |

滿(만) : 차다. 가득하다. 넉넉하다. 滿月(만월)
誅(주) : 베다. 죄인을 죽이다. 치다. 誅殺(주살)
益(익) : 더하다. 증가. 유익하다. 益智(익지)
智(지) : 슬기. 지혜. 모략. 꾀. 智略(지략)

예화

춘추시대에 도척은 혼란한 틈을 이용해 악한 마음을 키워간 자였다. 그의 수하에 모여든 3천여명의 부하들에게 가르친 것이란 도적질이었다. 그렇게 해서 호의호식하며 갖은 죄를 저질렀다.

남의 물건을 자기 것인 양 약탈했고, 많은 피해를 입히며 횡포를 부렸다. 결국 도척의 추종자들은 하나씩 잡혀가 사형장의 이슬로 사라졌다.

그리하여 마침내 도척도 죽었다. 두목이 죽고 나자 도척의 일당들은 흩어져 버렸다. 도둑으로 누렸던 호의호식은 흔적도 없이 사라졌다.

그들이 얼마나 악을 저질렀으면 지금도 도적의 대명사가 '도척'으로 쓰인다.

악(惡)의 글자를 파자해 보면 아(亞)자 밑에 마음 심(心)을 받쳐 놓은 것으로 되어 있다. 아(亞)자는 등이 굽은 모양을 형용한 것이고 흉한 것을 뜻하는데 쓰인다. 글자의 모양대로 해석한다면 악이란 흉한 마음의 모양인 것을 나타낸다.

물이 그릇에 가득 차면 넘친다. 마찬가지로 악이 차면 하늘의 벌이 있음은 당연한 이치가 된다.

서책

익지서(益智書) : 송나라 때 편찬된 책으로 교양에 관해 실려 있다. 자세한 것은 전해 오지 않는다.

若人이 作不善하여 得顯名者는
약인　작불선　　득현명자
人雖不害나 天必戮之니라
인수 불해　천 필 륙 지

〈莊子〉

만약에 사람이 나쁜 짓을 하여 세상에 이름을 드러낸 자는 비록 사람이 그를 해치지 못하더라도 하늘이 반드시 그를 죽일 것이다.

〈장자〉

| 해설 |

세상에는 명예에 집착한 나머지 그 지위에 오르기 위해 위선자가 되고, 돈을 거머쥐기 위해 부정을 일삼는 사람이 있다. 그들이 성공했다 해도 잠시일 뿐이다.
"그렇지만 악한 자가 더 잘 사는 걸."
하고 위선자와 협잡군을 부러워하는 사람도 한편에는 있다. 그러나 밝은 우리의 눈을 다시 떠보자. 무너지고 거꾸러져 세상의 조롱거리가 된 그들이 우리들 주변에서 어떻게 사라져 가고 있는가를 갈이다.

| 한자풀이 |

作(작) : 짓다. 일어나다. 일으키다. 作業(작업)
得(득) : 얻다. 이익. 이득. 得失(득실)
顯(현) : 나타나다. 드러나다. 영달하다. 顯示(현시)
害(해) : 헤치다. 훼방하다. 방해하다. 害惡(해악)
戮(륙) : 죽이다. 육시하다. 형벌. 戮屍(육시)

예화

　남북조 시대 때에 권력에 휩싸인 살육은 허다했고, 그 극치가 다음 이야기이다.
　"영원토록 다시는 왕가(王家)에 태어나지 말기를!"
　남조 송나라의 마지막 천자인 순제가 대궐에서 쫓겨나면서 눈물 뿌리며 한 말이 이것이었다.
　이토록 가슴 저린 유언을 남기게 한 장본인은 소도성(蕭道成)과 왕경칙(王敬則)이라는 두 인물이었다.
　순제를 쫓아낸 야욕대로 소도성은 제나라를 세워 그 첫 왕자리에 앉을 수 있었다.
　"다시는 피 뿌리는 일이 없기를 바란다."
　소도성이 이런 유언을 남긴 데에는 그가 무너뜨린 송나라 황실의 골육상쟁을 두 눈으로 보았던 때문이었다.
　그러나 그 자신은 그러한 왕조의 왕위 찬탈의 보람도 없이 오래 살지 못하고 죽었다.
　그리고 그의 유언도 별 쓸모없이 되고 말았다. 그의 후손들이 골육상쟁을 벌였던 것이다.
　소도성의 뒤를 이어 무제가 2대 왕으로 앉았다고는 하지만 얼마 있지 않아 죽었다.
　이때에 죽은 소도성의 형에게는 소란(蕭鸞)이라는 아들이 있었다. 소도성에게는 조카인 소란은 잔인한 자였다.
　그는 어리석은 태자 소업을 3대에 앉힌 뒤, 7개월만에 목졸라 죽이고, 4대인 소업의 동생 소문을 앉혔다가 3개월만에 독살해 버렸다.
　소란이 야욕대로 왕위에 올랐지만 무슨 까닭인지 갑자기 병이 들었다. 아들 중에서 둘째 보권을 태자에 앉혔는데 변변치 못한 자식이었다.
"이를 어떻게 하나!"
병석에 누운 소란이 걱정되었다. 그것도 한두 가지가 아니었다. 문득 제나라를 세운 큰아버지 소도성의 자식들에게 생각이 미치게 되었다. 위험한 인물들이었다.
소란은 병상에서 그날로 심복을 시켜 10명이나 되는 큰집 조카들을 죽여 버렸다. 이렇게 해서 소란이 죽인 형제와 조카만도 모두 14명이나 되었다.
황실의 피 비린내는 제나라의 건국공신들에게 불안을 안겨주는 일이었다.
그 중 왕경칙에게는 더욱 불안이 컸다. 그는 소도성과 함께 송나라를 무너뜨린 특공의 인물이었다. 비록 대사마와 회계태수라는 융숭한 대접을 받고 있었지만 포악한 소란의 마수가 언제 자기에 닥칠지 몰랐다.
"이러다가 아무 소리 못하고 죽임을 당하겠구나!"
왕경칙은 경계태세를 갖추었다. 반면.
"왕경칙이 반란을 일으킬지도 몰라. 무슨 수를 써야겠군!"
이렇게 반사적으로 즉정한 것은 소란이었다. 상대적이라 할 두 권력의 두려움과 불안이 왕경칙과 소란 사이에 흐르는 사태로까지 번져 갔다.
더욱 악화된 일은 소란이 취한 모종의 조치에 대해 왕경칙에서는 불순한 일로 보았던 것이다.
"이건 나를 노리고 하는 게 분명하다."
왕경칙은 크게 노하여 군사를 일으켰다. 1만명 군사가 수도인 건강(建康)으로 쳐들어 갈 때에는 10여만명으로 불어났다.

행군 도중에 괭이나 막대기를 든 농민들이 대거 합류했던 것이다.

놀란 조정은 어쩔 줄 몰랐다. 시시각각 조정으로 들어오는 보고는 불리한 것뿐이었다. 왕경칙이 아직 수도에 이르기 전, 성 북쪽에서 느닷없이 불길이 일어났다.

"정로정이 불타고 있다!"

이런 보고에 대궐 안은 일대 혼란에 빠졌다. 왕경칙이 공격한 줄로 알고 태자와 대신들이 도망칠 궁리에 여념이 없었다.

왕경칙이 이 소식을 들었다. 유쾌한 듯 크게 웃으며,

"서른 여섯 가지 계책 중에서 도망치는 게 상책이라더니(三十六計, 走爲上策), 송나라 명장 단도제가 이 말을 한 게 새삼스럽구나. 너희 두 부자(父子)가 할 수 있는 거라고는 도망치는 것뿐이다."

득의만만했지만, 왕경칙의 군대는 예상을 깨고 패하고 말았다. 관군이 후위를 치고 들어온 습격 때문이었다.

10만이라고 했지만, 훈련이 안 되어 있었고, 무기 또한 부족한 상태였다. 금방 왕경칙의 군대는 혼란이 가중되면서 일순간에 무너져 버렸던 것이다.

70 노장의 왕경칙도 목이 떨어지고 말았다. 며칠 전 상대가 도망치는 것을 보고 비웃은 그였다. 하지만 그 자신이 진정 도망칠 때를 알지 못했던 것이다.

그건 그렇고 골육상쟁을 불러일으킨 잔악한 소란의 재위기간은 3년에 불과했고, 제나라의 운명도 30년만에 그 끝을 다하고 망하고 말았다.

種瓜得瓜요 種豆得豆니
종 과 득 과   종 두 득 두
天網이 恢恢하여 疏而不漏니라
천 망   회 회   소 이 불 루

〈莊子〉

오이를 심으면 오이를 얻고 콩을 심으면 콩을 얻나니 하늘의 그물이 넓고 넓어서 듬성듬성하지만 빠뜨리는 법이 없다.

〈장자〉

| 해설 | 손바닥으로 하늘을 가릴 수 있을 것 같고, 손가락 하나로 보름달을 가릴 수 있는 것처럼 보이지만 그것은 착시일 뿐이다. 처음 싹이 날 때에는 엇비슷하지만, 조금만 더 자라면 오이 심은 데서 오이가 열리고, 콩 심은 데서 콩이 엉그는 법이 자연의 법칙이다. 이 법칙에 따라 살아야 화를 당하지 않고 복을 거둘 수 있다.

| 한자풀이 |

種(종) : 씨. 근본. 심다. 種子(종자)
瓜(과) : 오이. 참외
豆(두) : 콩. 팥
網(망) : 그물. 법. 규칙. 網絲(망사)
恢(회) : 넓다. 크다. 갖추다. 恢恢(회회)
疏(소) : 성글다. 통하다. 疏遠(소원)

예화

정화원비는 탐심으로 가득한 왕비였다. 왕의 권력을 믿고 백성의 재산을 빼앗는 나쁜 일을 서슴지 않았다.

고려 충렬왕 때에 이행검은 전법사 문관으로서 청렴하고 정직하게 살았다. 왕비의 소행을 막을 자는 아무도 없었다. 주위에서 아부자들이 왕비에게 재물을 갖다 바쳤는데, 그 재물이란 백성들의 살림이었고 생계를 위한 것들이었다.

백성들은 전법사를 찾아와 하소연했다.

"바른 법을 세우고 이를 시행하는 곳이 전법사라 했습니다. 정화원비의 죄를 물어 주십시오."

이 전법사에 판서로 있는 자에 김서라는 인물이 있었다. 그는 백성의 애절한 사정은 들은 척도 안 했다. 오히려 간악한 왕비의 눈에 들려고 했으며, 하소연하러 온 무고한 백성을 감옥에 처넣기까지 했다. 이러한 행패를 이행검이 알게 되었다.

"이런 일이 있을 수 없소. 법을 지켜야 할 곳이 법을 무시하는 건 잘못된 일이오."

이행검의 항의에 김서는 운신의 폭이 좁아졌다. 그런데 이행검이 병이 든 사이에 김서는 무고한 백성에게 또다시 악행을 저질렀다. 김서의 일당들은 무슨 잘한 일인 것처럼 잔치를 열어 그들의 힘을 과시했다.

그러나 그들에게 이상한 일이 생겨났다. 먹은 음식에 탈이 나 병이 들더니 얼마 있지 않아 온몸에 종기가 나고 고름이 흘렀다. 나을 수 없이 치명적인 병이 되어 모두 죽고 말았다. 이행검만이 그들의 모임에 참석하지 않아 화를 면했다.

심은 대로 거둔 것이다.

獲罪於天이면
획 죄 어 천
無所禱也이니라
무 소 도 야

〈孔子〉

하늘에 죄를 얻으면
빌 곳조차 없다.

〈공자〉

| 해 설 | 평소 친분이 있는 사이라면 찾아가 부탁도 할 수 있고 빌릴 수도 있는 게 사람의 관계. 만일 오가는 교분이 없다면 긴급할 때 찾아 갈 수 없다. 찾아간다 해도 들어줄 리 없다.
하물며 방자하게도 하늘에 불경한 일을 저질러 놓고
"하느님! 살려주십시오."
하고 부르짖는다면 하늘이 들어줄 것인가?

| 한자풀이 |
獲(획) : 얻다. 짐승을 잡다. 손에 넣다. 獲得(획득)
於(어) : ~에. ~게서. ~에게. ~보다
禱(도) : 빌다. 기도하다. 祈禱(기도)
也(야) : 어조사

하나라 걸왕은 애첩 말희를 껴안고 새 궁전을 상상하자 기분이 좋았다.

"자, 보라구. 네 소원대로 3천명의 미녀들이 나와서 춤과 노래를 하는 걸 감상해 봐."

걸왕은 또 다른 생각이 들어 궁전 한쪽에 연못을 파 바닥에 하얀 자갈을 깔게 했다. 향기로운 술을 가득 부어 놓자 주지(酒池)가 되었고, 그 주변으로는 고기를 숲처럼 쌓아 놓고(肉林) 보니 즐길 만했다. 거기에 배를 띄우고 3천명의 미녀가 춤추며 노래하는 가운데 걸왕과 말희는 쾌락을 즐겼다.

은나라 시대에 와서 주왕도 걸왕처럼 사치와 향락을 일삼았다. 애첩 달기에 빠져 그녀가 원하는 것이면 국고를 다 털어 욕망을 채워주었다. 더하면 더했지, 지난날 걸왕과 말희가 했던 방탕 이상으로 놀아났다. 음탕한 곡조 '북리의 춤'과 '미미의 음악'이 흐르게 한 가운데 참석자는 남녀 고하 가릴 것 없이 알몸이 되어 질탕한 육체의 향연을 벌였던 것이다.

어떤 때는 향연이 밤낮없이 120일간을 계속한 적도 있었다. 백성들은 장야지음(長夜之飮)을 보며 탄식했다. 달기라는 애첩은 지글지글 사람을 불에 태워 단말마를 보고 들으며 색욕을 채우는 짓까지 했다.

나라의 일을 하지 않고 이런 식으로 하늘에 죄를 지었으니 걸왕이고 주왕이 오래 그 자리에 있을 리 없었다.

패망의 날이 다가와 살려달라고 빌었지만, 하늘이 들어줄 리 없었다. 백성의 원성 또한 그칠 줄 몰랐으니 비참한 최후를 맞았다.

천지 자연에는 이치가 있고
그 이치에 순종하며 사는 삶이 바람직함을
핵심으로 하고 있다.
운명을 따르는 것이 이치에 합당함으로
순종하고 분수를 지키며 살아가면
몸과 마음이 편하다고 가르치고 있다.

順 命 篇

死生이 有命이요
사 생   유 명
富貴는 在天이니라
부 귀   재 천

〈孔子〉

죽고 사는 것은 운명에 달려 있고,
부귀는 하늘에 매여 있다.

〈공자〉

| 해설 | 같은 날 같은 시간에 태어난 사람이 어느 사람은 세 살에 죽고 어느 사람은 여든에 죽는다. 한 형제라 해도 어느 쪽은 부자로 살고, 어느 쪽은 가난뱅이로 살아간다.
　예측할 수 없는 생사와 부귀에 대해 초연할 수 있어야 한다. 죽음을 두려워하지 않는 마음, 욕심을 부리지 않는 마음으로 살아간다면 그런 사람이 참된 삶을 살 수 있다.

| 한자풀이 |
命(명) : 목숨. 운수. 명하다. 運命(운명)
富(부) : 재물이 많고 풍성하다. 富者(부자)
貴(귀) : 귀하다. 소중하다. 貴公子(귀공자)
在(재) : 있다. 보다. 살피다. 存在(존재)

예화

조선 세종 때의 황희 정승은 깨끗하게 살았다.

뇌물을 받지 않았으며 재물을 탐하지도 않았다.

그의 검소한 생활은 소문만이 아니었다. 한 나라의 재상이 어렵게 산다는 것을 그의 집안을 보아도 알 수 있었다.

사람들은 정직하게 살아가는 황희 정승을 칭찬하며 존경했다.

이러한 정승의 생활태도가 임금에게 알려졌다.

"황희 정승이 가난하게 살고 있다는 말이지?"

"살펴보았습니다만, 백성의 말이 헛말이 아니었습니다."

임금은 한 신하의 보고를 듣자 염려되었다. 재상집이 가난하게 살아서는 안 된다는 생각을 했기 때문이다.

그래서 하루는 황희를 불러들였다.

"정승, 듣자 하니 구차하게 살고 있다는 게 사실이오? 내 이렇게 해 드리리다. 남대문이 열리는 새벽부터 닫히는 저녁시간까지 그곳을 드나드는 장사꾼의 물건을 모두 사 드리겠소."

황희는 임금이 농담을 하는 줄로 알았다.

"사양하겠습니다."

"정승, 내가 장난의 말을 하는 줄로 생각하시오?"

황희는 임금의 정색한 얼굴을 보고 가슴이 섬뜩했다.

"재상이 너무 가난하게 살아도 백성이 옳게 보지 않을 수가 있는 게요. 내 말대로 따르시오."

황희는 선뜻 대답하지 않았다. 임금의 말투로 보아 거절해서 될 일이 아니었다.

임금의 말을 법이라 한다면 신하로서 이 또한 도리가 아니었다.
"내일 하루 그렇게 해 드리리다. 이제 물러가도 좋소."
궁궐에서 물러나 집으로 돌아온 황희는 다음날을 맞았다.
새벽부터 비가 오고 있었다.
어제 화창하게 맑던 하늘이 아니었다. 비는 하루 종일 왔다. 장사꾼이 장을 펼 수 없었다.
열린 남대문은 한산하기 그지없었다.
문 곁에 서 있던 임금의 명을 받은 신하는 종일 무료하게 보냈다.
저녁이 와 문이 닫히려 할 무렵 한 시골 노인이 나타났다. 손에는 계란 한 꾸러미를 들고 있었다. 신하는 어쩔 수 없이 계란 한 꾸러미를 사서 황희에게 보냈다.
그 계란은 모두 오래된 것이라 곯아 있었다. 그것을 안 황희는 미련없이 한 마디 했다.
"부한 것이나 귀한 것이나 다 하늘에 속한 것이지. 재물은 나에게 속한 게 아니야."
황희는 깨끗이 살아야 할 자신의 존재를 일찍이 깨달은 사람이었다.
탐욕 많은 조정의 신하들과는 달랐다.
그 때문에 황희는 미움을 사기도 했다. 그러나 결코 가난한 생활을 굽힌 일이 없었다.

萬事分已定이어늘
浮生이 空自忙이니라

〈孔子〉

만사는 분수가 이미 정해져 있는 것인데
사람들은 공연히 스스로 바쁘게 움직인다.

〈공자〉

| 해설 | 폭풍우와 천둥번개가 지나간 뒤에 바다는 정화가 되고, 공기에 필요한 요소들이 첨가된다는 것을 과학자들이 알아냈다.
　　인간에게 주어진 것이 복만이 있는 것도 아니고, 재앙만이 있는 것도 아니다. 복이 있을 때와 재앙이 있을 때는 그것이 필요하게 된 조화가 있게 마련이다.
　　이렇게 모든 생물에는 그 정허진 바가 있다. 이 자연의 이치를 깨닫고 사는 자야말로 참된 행복을 누릴 수 있다.

| 한자풀이 |

分(분) : 나누다. 구별하다. 安分知足(안분지족)
已(이) : 이미. 달다. 그치다. 已往之事(이왕지사)
浮(부) : 뜨다. 띠오르다. 浮萍草(부평초)
空(공) : 비다. 다하다. 없다. 空中(공중)
忙(망) : 바쁘다. 조급하다. 忙中閑(망중한)

　변방에 사는 한 노인에게 원치 않는 일이 생겼다. 애지중지 기르던 말이 국경을 넘어 오랑캐 땅으로 달아난 것이다. 이웃 사람들이 이것을 보고, 위로를 했다.
　"그 놈의 말이 주인의 은덕도 모르고 달아나다니! 안됐소."
　노인은 슬퍼하는 기색도 없었다.
　"앞날은 알 수 없는 일이오. 말이 달아나긴 했지만, 이 일이 복으로 바뀔지 어떻게 알겠소?"
　과연 노인의 말대로 되었다. 몇 달 후, 달아난 말이 오랑캐의 준마를 거느리고 돌아왔다. 이웃 사람들이 놀라워하며 축하했지만, 노인은 또 뜻밖의 말을 했다.
　"앞날은 알 수 없는 일이오. 이 일이 재앙이 되지 않는다고 할 수 없지 않겠소?"
　이런 말에도 불구하고 말들은 새끼를 치며 불어났고, 노인의 아들은 말을 타며 즐거워하다가 아들이 말에서 떨어져 다리가 부러졌다. 이웃 사람들은 절름발이가 된 아들을 두게 된 노인을 불쌍히 여겼다. 노인은 또 말하기를,
　"앞날은 알 수 없는 일이오. 이 일이 복이 되지 않는다고 할 수 없지 않겠소?"
　1년이 지났다. 오랑캐가 국경을 넘어 공격해 왔다. 징집된 젊은이들은 모두 전쟁에 나가 열에 아홉이 죽었다. 노인의 아들은 불구라 전쟁에 나가지 않아 무사했다.
　본래 노인은 도(道)를 아는 사람이었다. 길흉화복을 예측할 수 없는 인간의 삶을 함부로 예단하지 않았다. 다만 겸허한 마음을 갖고 인생을 대하는 노인이었던 것이다.

禍不可倖免이오
화 불 가 행 면
福不可再求니라
복 불 가 재 구

〈景行錄〉

재앙은 요행으로 모면할 수 있는 것이 아니요,
복은 두 번 거듭 구할 수 없는 것이다.

〈경행록〉

| 해 설 |

"예야, 돈은 벌 수 있을 때에 벌어야 한다."
나이 드신 분들이 하는 말이다. 기회는 두 번 다시 오지 않으므로 젊어서 열심히 일하라고 가르치는 것이다.
대강대강 해놓고 나서,
"어떻게 잘 될 거야."
하고 요행을 바랬던 결과, 온갖 화재와 붕괴와 폭발의 재앙이 일어났던 것임을 기억하자.

| 한자풀이 |

禍(화) : 재화. 불행. 재난. 禍根(화근)
倖(행) : 요행. 아첨하다. 僥倖(요행)
免(면) : 면하다. 벗다. 免職(면직)
再(재) : 둘. 거듭. 다시 한 번. 再起(재기)
求(구) : 구하다. 청하다. 묻다. 求職(구직)

홍계관은 뛰어난 점쟁이였다.

조선 명종 때 임금도 그를 인정할 정도였다.

하루는 홍계관이 자신의 점을 쳐보니 몇 달을 살지 못하리라는 점괘가 나왔다.

"그렇다면 살 수 있는 점괘는 어떻게 나오는 것일까?"

나오긴 했지만 행하기 어려운 것이었다.

임금이 홍계관의 일을 알고 이를 수락했다. 사람을 살리는 일이라면 홍계관을 죽게 내버려두고 싶지 않았다.

죽게 된다는 그날 그 시각 용상 아래 홍계관이 숨어들었다. 그것이 살 길이라는 점괘였던 것이다.

용상 위에 임금이 앉아 있었다.

그때에 무엄하게도 쥐 한 마리가 나타났다가 재빨리 궁궐 뜰 한 구석의 구멍으로 사라졌다.

심심하던 차에 임금이 물었다.

"방금 쥐가 지나갔다. 몇 마리였지?"

"모두 세 마리입니다."

명종은 한 마리를 보았는데 홍계관의 대답은 달랐다.

임금은 점쟁이가 거짓말을 하는 것이라고 생각했다.

모든 점쟁이가 이런 거짓말을 한다면 백성들을 속이는 일이라는 생각이 들었다.

명종은 신하를 불러 홍계관을 처형하게 했다.

홍계관이 끌려가다가 마지막 말을 했다.

"쥐는 새끼를 밴 어미입니다."

사라져가는 홍계관의 모습이 조금 전 사라진 쥐의 모습처럼 보였다.

  임금은 기분이 나빴다. 쥐가 사라진 구멍을 파 보게 했다.

  뜻밖의 광경이 보였다.

  쥐는 한 마리 새끼를 낳고, 지금 막 두 번째 새끼를 낳고 있었다. 어미 쥐는 그 새끼를 혀로 핥아주고 있었다.

  깜짝 놀랐다.

  "홍계관이 말이 맞구나. 그렇다면?"

  처형을 중지하라고 명령을 내렸다.

  신하가 서둘러 형장으로 달려갔다. 칼을 든 망나니가 홍계관의 목을 막 치려 하는 때였다.

  멈추라고 소리치며 손을 흔들었다.

  그러나 칼날은 홍계관의 목에 떨어졌다.

  피가 사방으로 튀었다.

  집행자 망나니는 달려오는 사람의 손을 보고 빨리 하라는 신호로 보았던 것이다.

  점쟁이 홍계관은 그렇게 사라졌다.

서책

경행록(景行錄) : 중국 송나라 때 편찬된 책이다. 저자는 알려져 있지 않다. 책의 원본은 전해져 오지 않고 내용의 일부가 이곳저곳에 전해 온다. 경행이란 밝고 떳떳한 행동을 말한다.

자식이 부모를 대하는 도리에
대한 글들을 모았다.
이 도리를 효라고 가르치고
효도를 해야 함은 그것이 모든 행실의
근본이 되기 때문이다.
인간의 근본이 무엇임을 가르치고 있다.

효행편

孝 行 篇

父兮生我하시고 母兮鞠我하시니
부혜 생아   모혜 국아
哀哀父母여 生我劬勞샷다
애애 부모   생 아 구 로
欲報深恩인대 昊天罔極이로다
욕 보 심 은   호 천 망 극

〈詩經〉

아버지 나를 낳으시고 어머니 나를 기르시니
슬프고 슬프도다 부모님이시여,
나를 낳아 기르심에 힘쓰고 수고하셨도다.
그 깊은 은혜를 갚고자 할진대 하늘같이 다함이 없도다.

〈시경〉

| 해 설 |

"나실 때 괴로움 다 잊으시고……"
이렇게 부르고 또 매년 부르지만, 양친 살아 계실 때와 돌아가셨을 때에 부르는 생각과 감정이 달라진다. 왜 그런 것일까?
낳으시고 기르시고 애쓰신 것을 늘 기억하며 보답하는 일이 가장 인간다운 일이다.

| 한자풀이 |

鞠(국) : 기르다. 궁하다. 국문하다. 鞠養(국양)
哀(애) : 슬프다. 불쌍히 여기다. 哀愁(애수)
昊(호) : 하늘. 큰 모양. 昊天(호천)
極(극) : 다하다. 끝나다. 끝. 한계. 極地(극지)

예화

 행색이 초라한 젊은이가 종일 강가에서 서성거렸다.
 입은 옷에 비해 두 눈에는 총기가 번뜩였다.
 그는 낙양에서 오는 배를 기다리고 있었다.
 "어머니를 기쁘게 해 드려야지."
 그의 마음속에서 떠도는 이 생각은 어제 오늘의 일이 아니었다.
 드디어 강 위쪽에서 서서히 돛단배가 내려오는 모습이 저만치 보였다.
 "낙양배다!"
 젊은이는 풀밭에서 벌떡 일어나 달려갔다.
 도선장에는 이미 상인들로 북적거리고 있었다.
 젊은이가 사고 싶어 한 것은 차(茶)였다.
 차는 본래 낙양에서 들어오는 귀한 물건으로 금보다도 비싼 것이다.
 낙양에서 온 차상인에게 다가간 젊은이는 차를 사겠다고 말했다. 그러자 상인은,
 "차가 어떤 것인지나 알고 그러시오?"
 어이없다는 듯이 반문했다.
 궁중이나 일부 부잣집에서 겨우 그 맛을 볼까 말까 한 것이 차였다.
 그 뿐만 아니라 차를 마시면 백 가지 나쁜 병이 없어진다는 효험도 널리 알려져 있었다.
 "어머니가 기뻐하실 걸 생각하면 차를 꼭 사고 싶습니다."
 젊은이는 거듭 간청했다.

"허, 효자로군."

상인은 감동했다.

젊은이는 2년여 동안 모아온 돈을 모두 꺼내 주었다.

이렇게 해서 차가 든 주석단지를 받아든 젊은이는 뛸 듯이 기뻤다.

이 젊은이가 바로 삼국지(三國志)의 유비(劉備)다.

삼국지의 첫 장은 유비의 이와 같은 효심으로부터 시작하고 있다.

그 뒤, 도원결의에서 관우와 장비는 유비와 함께 의형제가 된다. 이 혈맹의 자리를 유비의 어머니가 지켜보았다.

중국이 장차 삼국으로 정립되는 그 시발의 순간이었던 것이다.

서책
시경(詩經) : 오경(五經)의 하나임. 은(殷)나라로부터 춘추시대에 이르기까지의 북중국(北中國)의 민요, 연례악, 제례악을 모은 것. 공자가 305편으로 재편집했다.

孝子之事親也에 居則致其敬하고 養則致
효자 지사 친야   거즉 치 기경   양즉치
其樂하고 病則致其憂하고 喪則致其哀하고
기락   병즉치 기우   상즉 치 기애
祭則致其嚴이니라
제즉치 기 엄

〈孔子〉

효자가 어버이를 섬기는 것은 다음과 같아야 한다. 기거하심에는 그 공경을 다하고 봉양함에는 그 즐거움을 다하고 병이 들면 그 근심을 다하고 돌아가시면 그 슬픔을 다하고 제사지낼 때에는 그 엄숙함을 다해야 한다.   〈공자〉

| 해 설 | 어버이 날에 카네이션 꽃 한 송이로 섬길 수 있는 게 효심의 근본이 아니다. 평소에 효도를 하는 것이 옳고, 그 진심은 기쁨으로 해야 하며, 최고최선의 마음자세를 가져야 한다.
   그러기 위해서는 일상의 생활에서 실질적인 효도를 해야 한다. 심지어 돌아가신 부모의 제사를 지낼 때에조차 정성을 다할 것을 강조하고 있다.
   부모의 음덕을 무시하고는 행복은 없다.

| 한자풀이 |
居(거) : 살다. 거주하다. 앉다. 居住(거주)
則(즉) : ~하면. 본받다. 법. 法則(법칙)
致(치) : 바치다. 보내다. 맡기다. 送致(송치)
憂(우) : 걱정하다. 근심하다. 憂鬱(우울)

예화

"나를 낳으시고 기르시며 수고를 하셨도다. 하늘을 머리 위에 두고, 땅에 몸을 싣고, 처자식을 거느리며, 배불리 먹고 따뜻하게 입고 살아갈 수 있는 게 과연 누구의 덕분인가?"

이렇게 일신의 편안함이 부모에게서 온 것임을 말한 담헌 홍대용(洪大容 1731~1783)은 당대의 실학자였다.

그는 어버이 돌아가시고 다시 오지 않는 인생임을 지적하며 살아 계실 때 보답해야 할 것을 가르쳤다.

"부모님을 대하는 앞에서는 얼굴빛을 순하게 하라. 말씨를 공손히 하며 큰소리를 내지 말라. 버릇없이 웃지 말며, 함부로 코를 풀거나 침 뱉지 말며, 원한의 마음은 물론 성내는 표정을 짓지 말라."

세상에는 부모를 버려 두고 섬길 줄 모르는 사람이 있다. 섬긴다고 해도 때를 놓쳐 도리를 다하지 못하는 사람도 있다.

홍대용은 또한 이렇게 말했다.

"음식을 드릴 때에는 그 봉양을 다하고, 병환이 계신 때에는 그 근심을 다하며, 부모 하시려는 것을 생각하여 이에 따라야 하며, 싫어하시는 것을 버리기를 힘쓰는 자식이 되라."

왜냐하면 세월은 가고 때를 놓치면 공양할 수 없고, 은혜에 보답할 길이 없는 때에는 이미 부모는 세상에 계시지 않는 것이기 때문이다.

父母在어시든 不遠遊하며
부 모 재   불 원 유
遊必有方이니라
유 필 우 방

〈孔子〉

부모님이 살아계시면 멀리 놀지 말며
놀 때에는 반드시 방향이 있어야 한다.

〈공자〉

| 해 설 |

매일 전화로 문안을 드리는 아들이 있었다.
"오늘은 지방에 출장 다녀 왔습니다."
바쁜 시대에 꼭 그럴 필요가 있겠느냐는 소리도 있겠지만, 그 아들은 부모 살아계신 동안 이런 문안인사 드리기를 반드시 지키며 살았다.
부모는 자식이 부귀영화를 누리기보다 우환이 없이 건강하게 살기를 바란다. 자식이 몸을 상하거나 다치면 가장 걱정을 하는 사람이 부모인 것이다.

| 한자풀이 |

遊(유) : 놀다. 즐겁게 지내다. 野遊會(야유회)
必(필) : 반드시. 꼭. 오로지. 必須(필수)
有(유) : 있다. 존재하다. 소유물. 有識(유식)
方(방) : 모. 각. 방위. 방향. 四方(사방)

예화

"오늘은 개경(開京)에 일이 있어 그곳에 다녀오겠습니다."

문충(文忠)은 어머님 앞에 나아가 길 떠나는 문안인사를 드렸다.

그는 집을 나서 오관산 영통사의 계곡을 지나 고려의 수도 개경(지금의 개성)을 향해 발걸음을 재촉했다.

삼십 리 거리였다.

어느 새 해는 돋고 있었다.

낮 동안 일을 마치고 귀가에 늦지 않으려면 잠시라도 지체할 새가 없었다.

그렇게 일을 마치고 나면 어느 새 해는 서편으로 기울었다. 그는 서둘러 집으로 향했다.

"너무 기다리시게 하면 어머니 마음을 불편하게 해 드리는 일이야. 좀 더 빨리 가자."

문충의 마음에는 어머니를 생각하는 마음이 가득했다.

달은 떠서 어느 새 휘영청 밝아 왔다.

오늘 따라 밤이 이슥해서야 집에 도착할 수 있었다.

어머니 방으로 달려간 문충은 머리를 조아리며,

"어머니, 오늘은 늦었습니다. 염려하셨지요?"

하면서 하루에 있었던 일들을 들려드리고 잠시 곁에서 시중을 들었다.

문충의 효성은 지극해 출타와 귀가의 문안 인사를 하루도 거름이 없었다.

고려 때 사람인 문충은 벼슬살이 가운데서도 어머니 봉양에 지극 정성으로 하였던 것이다.

그는 '나무닭 노래'를 지었다.

어머니의 노쇠해 가시는 모습이 못내 안타까워 서산의 기우는 해에 비유한 시의 내용은 다음과 같다.

나무 끝에 작은 닭을 조각해서
저(箸)로 집어 선반에 올려 두고 살게 하노라
이 닭이 때 되어 '꼬끼오' 울며 시간을 알릴 적마다
어머니 얼굴이 서산의 해와 같구나.

알아두기

효행(孝行) – 이것은 동서고금을 막론하고 존재해 왔으며 인류의 중요한 덕목이다. 19세기 이전의 중국은 천재(天災)와 끊임없는 난세(亂世)의 폭정(暴政)으로부터 자신들의 생활을 지키기 위해 혈족(血族)이 동거하여 가부장제(家父長制) 가족을 구성하여야 했고, 이런 구성원들이 부모를 봉양하고, 공경하며, 복종하고, 조상에게 봉제사(奉祭祀)하는 일이 의무화되면서 효사상이 사회규범으로 굳어졌다.

한국에서의 효사상은 고구려의 태학(太學)이나 신라의 국학(國學)에서 교육하였고, 신라《삼국사기(三國史記)》에 효녀 지은(知恩), 향덕(向德), 설씨녀(薛氏女) 등을 볼 수 있다. 통일신라시대에는《논어(論語)》《효경》을 기초로 한 유교적(儒敎的) 효사상이 지식인들의 기본교양이 되었다.

효사상은 시대와 이념에 따라 그 내용이 다소 변화되기도 하나 부모를 공경하고, 그 뜻을 받들어 섬기며 봉양한다는 본질에서는 차이가 없으며, 인류의 가장 으뜸되는 덕목이다.

父命召어시든 唯而不諾하고
부 명 소　　　유 이 불 낙
食在口則吐之니라
식 재 구 즉 토 지

〈孔子〉

아버지께서 부르시면 속히 대답하며 머뭇거리지 말며, 음식이 입안에 있으면 이를 뱉고 대답해야 한다.

〈공자〉

| 해 설 |

어버이에 대한 예의는 가정에서만 끝나는 게 아니다. 사회생활을 하면서도 입 속에 음식이 들어 있는 채 전화를 받으며 쩝쩝거린다면 그런 사람은 실격자다.
　부모가 부르면 냉큼 대답을 해야 하는 것은 그것이 부모의 마음을 편안하게 해드리는 것만이 아니라 사회생활에서도 절도 있는 태도의 근간이 되기 때문이다.

| 한자풀이 |

父(부) : 아비. 연로한 사람의 경칭. 父親(부친)
命(명) : 목숨. 운수. 명하다. 生命(생명)
唯(유) : 오직. 唯一(유일)
諾(낙) : 대답하다. 승낙. 허락. 承諾(승낙)

중국 춘추시대의 초나라에 노래자(老萊子)라는 효성 지극한 사람이 있었다. 그에 대한 효심은 여러 가지로 전해 내려오는데 그중 그가 꼭 지키는 게 있었다.

밥상이 들어오면, 부모님이 먼저 수저를 들기 전에는 먼저 음식에 손을 댄 적이 없었다.

혼자 밥을 먹다가도 부모님이 부르시기라도 하면 얼른 입에 있는 것을 뱉어내고는 대답을 했다.

외출하신 부모가 돌아오시는 발걸음 소리가 밖에 들리면 하던 일을 그만 두고 서둘러 나가 맞이하고는 했다.

그런 노래자는 부모님의 옷가지를 구입할 때도 따뜻하고 가벼운 천을 사다드렸고, 음식은 가장 좋아하시는 것으로 부드러운 맛을 골라 사다 드리고는 했다.

부모에게 다음의 평안을 드리기 위해 함부로 얼굴을 찡그리는 일을 하지 않았다.

그의 진심 어린 공양은 부모로 하여금 장수를 누리게 했다. 부모가 100세 가까이 되도록 살았으며, 그 또한 장수하였다.

아주 재미있는 일화로는 그가 말년에 부모에게 드릴 음식상을 들고 가다가 넘어진 일이 있었다.

이미 자신도 늙은 처지여서 다리에 힘이 없었던 것인데 행여 부모가 아들의 늙음을 알고 슬퍼하실까 봐 어린애처럼 울었다고 한다.

그는 부모님을 즐겁게 해 드리기 위해 늙어서도 어린애 같은 색동옷을 지어 입고 노래도 하고 춤을 추기도 했다고 한다.

孝於親이면 子亦孝之하나니
효 어 친   자 역 효 지
身旣不孝면 子何孝焉이리오
신 기 불 효   자 하 효 언

〈太公〉

내가 부모에게 효도하면 자식도 또한 나에게 효도하나니,
내 몸이 이미 부모에게 불효하다면
자식이 어찌 나에게 효도하리요.

- 〈태공〉

| 해설 | 나를 낳아 준 부모와 나라는 개인은 별개의 문제라며 '나는 나다'라는 선언은 이대로 좋은가?
　교육에는 모방과 습득이 있다 한다. 좋은 모방과 가치 있는 습득은 어려서부터 시작되어야 한다는 게 교육학의 방향이기도 하다.
　어버이를 생각하는 몸가짐도 어려서부터 배우고 간직하지 않으면 그 길은 불효로 가는 지름길이라 한다.

| 한자풀이 |

　於(어) : ~에. ~에서
　亦(역) : 또. 또한
　旣(기) : 이미. 벌써. 旣成(기성)
　何(하) : 어찌. 무엇. 얼마. 如何(여하)

K라는 분은 노모를 모시고 산다. 지난 번 여름 휴가 때에도,
"이번 피서는 8월 초순에 강원도 동해 바다로 가기로 했습니다."

8순 노모에게 계획을 알리고, 아내와 두 자녀와 나란히 앉아 휴가를 논의했다. 그리하여 올해에도 노모를 소외시키지 않고 모시고 다녀왔다.

평소 주말의 1박 2일의 여행에도 노모의 동행을 빠뜨리지 않는 K의 집안이다.

이래서 늘 화기애애한 분위기가 집안에 감돈다. 아내와 자식 모두가 노모 섬기기를 지극히 한다.

이제는 노모와 함께 다니는 일이 모두 몸에 배어 있는 것이다.

오래 전 어머니가 홀로 되자, K는 처자를 불러 노모를 위한 두 가지 가정규칙을 정했다.

"어머니를 쓸쓸하게 해 드리는 건 불효다. 식구 모두가 어디든 모시고 다니기로 한다."

어느 해엔가에는 미국으로 여행을 가게 되었을 때에도 가족들이 노모를 모시고 다녀왔다. 노모를 혼자 있게 해서는 안 된다는 가족들의 뭉친 다음은 먼 거리를 개의치 않았다.

또 한 가지 규칙은 매달 노모에게 수입의 10분의 1을 드리는 일이다.

"낳아준 부모를 빈손이 되게 한다는 건 잘못된 일이다."

K는 이 문제에 대해서도 아내에게 동의를 구했고, 자식들에게도 수입의 지출내역을 알려 주었다.

이러한 K에 대해 주변 사람들이 분분한 말을 한다.
"뭘 꼭 그럴 필요가 있을까?"
"지금은 시대가 다르잖아. 적당히 효도하는 게 좋은 거야."
하지만 K의 생각은 그들과 다르다.
그는 가족의 관계란 현재에서 끝나지 않고 미래로 이어진다는 것을 먼저 염두에 두고 있는 것이다.
"노모를 귀찮게 여겨 여행갈 때 제외시킨다면 이것을 본 내 자식이 어떻게 받아들이겠습니까? 훗날 늙은 나와 내 아내에게 배운 대로 할 테지요. 자식들은 자기네들 좋을 대로 늙은 부모 팽개치고 다닐 게 틀림없을 것입니다."
수입의 10분의 1에 대한 K의 지론도 남과 달랐다.
"수입의 십일조로 드리면 돈 문제로 언짢아하실 일도 없는 거지요. 게다가 노모가 쓰시면 얼마나 쓰겠어요. 마음껏 쓰시고 남은 돈은 결국 나중에 누구 손에 가겠어요. 손자에게 남겨 주면, 그 손자 또한 할머니를 기리게 될 게 아니겠습니까?"
자식이 부모에게서 배운 대로 한다는 효도의 이치를 일찌감치 깨달은 K다.
그는 이것을 실천하며 현대를 살아가는 평범한 사람이다.

인물

태공(太公) : B.C. 1122~미상. 강태공. 출생은 지금의 산동성. 성은 강(姜). 이름은 상(尙), 여상(呂尙)이라고도 하는데 여(呂) 지방을 다스린 데에서 연유한다.
낚시하는 사람을 가리켜 강태공이라고도 하는데 그가 살았던 시대와 관련이 있다. 중국이 평화로웠던 시절을 흔히 '요순시대'라고 하는데 당시 태공은 주나라 문왕의 신하로서 태평성대를 이룩하는데 공적이 많았다. 문왕은 훌륭한 군주였고, 태공은 70세가 되도록 이 훌륭한 군주를 만나기 위해서 위수(渭水)가에서 낚시를 했다. 이때 그는 고기를 낚기보다 시간을 보내는 데 목적이 있었던 것이다.

孝順은 還生孝順子요 忤逆은 還生忤逆
효 순   환 생 효 순 자   오 역   환 생 오 역
兒하나니 不信커든 但看簷頭水하라
아   불 신   단 간 첨 두 수
點點滴滴不差移니라
점 점 적 적 불 차 이

〈太公〉

효순한 사람은 또한 효순한 자식을 낳고
오역한 사람은 또한 오역한 자식을 낳는다.
믿지 못하겠거든 다만 처마끝에 떨어지는 빗물을 보아라.
점점이 방울방울 떨어지는 것이 어긋남이 없다.

〈태공〉

| 해설 | 윗물기 맑아야 아랫물이 맑다는 말은 부모와 자식 간에도 적용이 된다. 남녀가 결혼해 자식을 낳고 기르기 위해서는 먼저 부모로서의 됨됨이를 갖춰야 한다. 그 자식을 보면 그 부모를 알 수 있다고 하는 것은 틀린 말이 아니다.

| 한자풀이 |

還(환) : 돌아오다. 뒤돌아보다. 歸還(귀환)
看(간) : 보다. 지키다. 看病(간병)
滴(적) : 물방울. 방울져 떨어지다. 滴水(적수)
差(차) : 어긋나다. 실수. 差異(차이)
移(이) : 옮기다. 변하다. 피하다. 移徙(이사)

예화

　오래 전 고려장이라는 악습이 있었다. 늙은 부모를 산에다 갖다 버리는 풍습이었음으로 애환도 많았다.
　한 아들이 늙은 어머니를 지게에 실었다.
　어깨에 지게를 메더니 비틀거리는 걸음으로 문밖을 나섰다. 이 모습을 어린 아들이 보고 이상히 여겼다.
　"아버지가 할머니를 지게에 싣고 어디로 가시려는 것일까?"
　하고 마음속으로 생각하며 뒤를 따라갔다.
　어린 자식이 뒤를 따라오는 것도 모른 채 아들은 산길을 걸어 올라갔다.
　아들의 가슴에는 슬픔이 일었다.
　지게에 실린 어머니는 자신이 죽으러 가는 길인 줄 알았다. 아무 말 없이 손에 잡히는 나뭇가지를 꺾어서 길에다 뿌려 놓았다.
　깊은 산 속에 이르러 지게에서 어머니를 내려놓았다.
　"어머니, 용서하세요."
　아들은 눈물을 뿌렸다. 그리고 돌아서려는 때였다.
　"아들아, 난 살만큼 살았다. 네 마음 다 아니 어둡기 전에 산을 내려가라."
　어머니의 눈에도 흐린 빛이 어리고 있었다.
　"얘야, 이곳으로 오면서 내가 해 놓은 게 있다. 나뭇가지를 꺾어 놓았으니, 그걸 따라 가면 길을 잃지 않을 거야."
　아들은 가슴이 뭉클했다.
　그러나 이런 장례도 한 관습이었기에 모른 채 돌아섰다. 산길을 내려가는데 뒤에서 소리가 났다. 두려운 마음에 돌아보니 어린 아들이 지게를 끌고 따라오고 있었다.
 그제야 어린 자식이 뒤쫓아 온 것을 알았다. 그 자식을 향해,
 "사람을 져다 버린 지게를 가져가는 게 아니란다. 거기에 버려두어라."
 어린 자식은 대답도 하지 않고 지게를 끌고 갔다.
 "버리라는데 왜 말을 듣지 않느냐?"
 그러자 어린 자식이 입을 열었다.
 "집에 갖다 두었다가 아버지가 늙어지시면 그때 쓰려고 그래요."
 그 말이 그의 가슴을 찔렀다.
 "나도 어머니처럼 아들의 등에 업혀 버려지는구나."
 그렇게 생각하자 가슴에 메어지는 아픔이 몰려왔다. 뒤로 돌아서 어머니에게로 달려갔다.
 "어머니, 제가 잘못했습니다. 죽어도 어머니하고 같이 죽겠습니다. 다시 집으로 모시고 가겠어요. 용서해 주세요. 어머니!"
 아들은 지게에 어머니를 다시 싣고, 한 손은 어린 자식의 손을 꼭 쥐었다.
 산비탈을 내려가는 세 사람의 등 뒤로 어둠 속에서 별이 반짝 빛났다.
 뒷날 이 일이 왕에게 전해져 감동을 주었다.
 고려장의 악습을 더 이상 방치할 수 없어 왕은 이를 폐지하게 했다.

어떻게 하면 바른 몸가짐을
가질 수 있는가에 대한 글들을 모았다.
몸가짐을 바르게 가지려면
언행을 바로 해야 한다.
그 핵심은 언행을 절제하는 데에 있그,
이것이 예의로 이어지고 있음을 가르치고 있다.

정기편

正 己 篇

見人之善이어든 而尋己之善하고
견 인 지 선　　　이 심 기 지 선
見人之惡이어든 而尋己之惡이니
견 인 지 악　　　이 심 기 지 악
如此라야 方是有益이니라
여 차　　방 시 유 익

〈性理書〉

다른 사람의 착함을 보고 나의 착함을 찾고,
다른 사람의 악함을 보고 나의 악함을 찾아야 하나니,
이와 같이 하면 바야흐로 이익됨이 있을 것이다.

〈성리서〉

| 해설 | 타산지석의 고사성어처럼 다른 것을 통해서 자신의 모습을 볼 수 있다.
거울은 자신의 용모를 비춰 주는 것이지만, 타인이라는 거울을 통해서 자신의 됨됨이를 볼 수 있다.
자신의 어리석음을 깨닫게 하는데 타인의 모습을 보는 것만큼 좋은 것은 없다.

| 한자풀이 |
見(견) : 보다. 돌이켜보다. 변변하다. 見學(견학)
尋(심) : 찾다. 생각하다. 평소. 尋訪(심방)
己(기) : 자기. 다스리다. 自己(자기)
此(차) : 이. 이것. 이곳. 그래서

예화

이웃집 여학생이 친구를 잘못 사귀어 우흥가로 흘러 들어갔다. 공부도 잘하던 아이였다.

학교도 중퇴하고 긴 방황을 했지만 다행히 다시 집으로 돌아올 수 있었다.

동네 사람들은 남의 일처럼 생각할 수 없었다.

"언제 내 자식이 그렇게 될지 알 수 없는 일이지요."

남의 것을 보고 자기 것을 비추어 보는 이런 마음은 예나 지금이나 같다. 그래서,

"타산에 있는 못 생긴 돌이라도 옥을 가는 숫돌로 쓸 수 있는 것이야."

하고 사람들은 타산지석(他山之石)의 말을 떠올리는 것이다. 자기보다 못한 사람이라고 해서 깔볼 일이 아니라, 자기 수양의 거울로 삼을 수 있어야 한다.

수양과 학덕을 쌓는 데에는 어떤 제한이 있어서는 안 되는 것이다.

서책

성리서(性理書) : 성리학(性理學)에 관한 책. 성리학은 중국 송나라 때 주희(朱熹)에 의해 집대성된 유교의 한 갈래로 성정(性情)과 이기(理氣)에 관한 책이다.

大丈夫當容人이언정
대 장 부 당 용 인
無爲人所容이니라
무 위 인 소 용

〈景行錄〉

대장부는 마땅히 남을 용서할망정
남의 용서를 받는 사람이 되어서는 안 된다.

〈경행록〉

| 해설 | 　자신을 향해서는 철저하고, 타인을 향해서는 너그러워야 한다. 자신에게 너그러워지면 인생의 목표를 향해서 나가는 의지가 약해지는 것이다. 쉽게 좌절하거나 절망하고 만다. 남자다운 기백을 가졌다면 자신을 채찍질하여야 한다.
　용서받는 사람이 되지 말라는 것은 잘못된 언행을 하지 말라는 것이다. 그런 한편 남의 잘못에 관대한 사람이 성공적인 삶을 살 수 있는 것이다.

| 한자풀이 |

丈 (장) : 어른. 길이의 단위. 丈人(장인)
夫 (부) : 지아비. 사나이. 장정. 丈夫(장부)
當 (당) : 당하다. 맡다. 當然之事(당연지사)
容 (용) : 얼굴. 모습. 용서하다. 容恕(용서)

예화

　오늘도 황수신(黃守身)은 비틀거리는 걸음으로 집에 돌아왔다. 하루도 술을 거르지 않는 날이 없었다.
　아버지 황희(黃喜)는 그를 불러 앉히고,
　"네 술버릇이 고약하다."
　하지만 다음날이면 어김없이 술고래의 도습이었다.
　그런데 오늘 수신은 대문에 들어서려다가 아버지가 서 있는 모습을 보고 놀랐다. 단정히 옷을 차려 입고 있었고 대문 앞에서 귀한 손님을 맞듯이 정중히 절을 하는 것이었다.
　"아버지, 어인 일이십니까"
　수신이 어쩔 바를 모르며 묻자 아버지는 근엄한 표정으로 마주대했다.
　"오늘부터 나는 너를 타인으로 여기기로 했다. 그동안 수없이 타일러 왔건만, 너는 나를 아버지의 말로 듣지 않았다. 어떻게 너를 자식으로 대할 수 있겠는가?"
　아버지는 거듭 정중하게 허리를 숙여 절을 하며 수신을 맞았다. 그때서야 수신은 번쩍 정신이 들었다.
　그 자리에 털썩 무릎을 꿇으며 잘못을 빌었다.
　"네가 잘못했다고 하니 말해 두마. 대장부는 마땅히 남을 용서할망정 남의 용서를 받는 사람이 돼서는 안 되는 법이다."
　깨닫고 용서를 빈 아들 황수신(조선 세조 때. 1407~1467)은 뒷날 영의정에 올랐다.
　황수신은 그 날 이후 술을 멀리하며 부지런히 학문에 힘썼던 것이다. 그를 깨우치게 한 아버지가 바로 당대 명망 높았던 황희 정승이다.

勿以貴己而賤人하고 勿以自大而蔑小하고
물 이 귀 기 이 천 인　　물 이 자 대 이 멸 소
勿以恃勇而輕敵이니라
물 이 시 용 이 경 적

〈太公〉

자신이 귀하다고 해서 남을 천대하지 말고,
스스로 크다고 하여 작은 것을 멸시하지 말고,
용기를 믿고서 적을 경시하지 말라.

〈태공〉

| 해설 | 인간의 머릿속에는 자기중심적인 것들로 꽉 차 있다. 잘난 것도 없으면서 타인을 비난하고 경멸하기를 물 마시듯 한다. 남을 헐뜯기를 좋아하고 남을 용서할 줄 모른다.
　　이 자기중심적인 과장된 자아는 타인과 조화를 이루지 못하고 불화를 일으키고 증오를 낳아 자신도 파멸하고 타인에게도 상처를 입힌다. 남을 존중할 줄 알아야 하는 게 인간의 길이다.

| 한자풀이 |
賤(천) : 천하다. 신분이 낮다. 賤待(천대)
蔑(멸) : 업신여기다. 버리다. 蔑視(멸시)
恃(시) : 믿다. 恃賴(시뢰)
勇(용) : 날쌔다. 결단력이 있다. 勇敢(용감)
輕(경) : 가볍다. 재빠르다. 輕量(경량)

예화

주위는 수목이 울창하고 산세가 험했다. 적벽대전에서 대패하고 도망치고 있던 조조는 두루 살펴보다가 느닷없이 마상에서 하늘을 우러러 크게 웃었다.

"어찌 하여 웃으십니까?"

수하 장수들이 물었다.

"주유와 제갈양이 꾀가 많다더니 이곳에 매복 군사 하나 두지 않았으니 그들의 재주도 필경은 백면선생의 병법에 불과해."

조조의 비웃는 말이 채 끝나기도 전에 북소리가 울리며 군사가 벌떼처럼 달려들었다.

"나 조자룡이 제갈공명의 장령을 받들어 여기서 널 기다린 지 오래다."

조조는 소스라쳐 놀라 말에서 떨어질 뻔했다. 서황과 장합 두 장수가 필사적으로 조자룡을 막는 사이 조조는 달아났.

다음날 비를 맞으며 남이릉을 지나 호로곡에 이르렀다. 비를 피해 조조는 나무 아래 앉아 있다가 하늘을 우러러 보고 낄낄 웃었다. 부하 장수들이 물었다.

"조자룡에게 많은 인마를 잃으셨는데 지금은 또 무엇 때문에 웃으십니까?"

"아무리 생각해도 제갈량이나 주유는 젖비린내가 나는 서생이야. 내가 용병을 한다면 이 길목에 병사들을 매복시킬 터인데."

하고 조조가 말을 마치기도 전에 앞뒤로 천지를 진동하는 함성이 일어났다. 조조가 소스라쳐 놀라 보니 장비였다.

"조조야! 네 어디로 도망치려 하느냐!"

조조가 간담이 서늘할 때, 허저가 안장도 없는 말을 타고 장비를 막았다. 다른 장수들도 허겁지겁 장비를 향해 칼을 겨누었다. 그러는 사이에 조조는 뺑소니를 쳤다.

겨우 살아난 조조의 병사들은 몇 남지 않았고 장수들도 모두 상처를 입었다. 얼마쯤 길을 가다가 두 갈래 길과 마주쳤다. 산에 올라가 지형을 정찰해 보니 한쪽 길 저 끝에서 연기가 일고 있었다. 조조가 말했다.

"병법에 허즉실지(虛則實之)하고 실즉허지(實則虛之)라고 했다. 제갈양이 얕은 꾀를 쓰고 있는데 연기가 있는 곳에 매복 군사가 없고, 대로에 군사를 매복시켜 놓은 것이다"

그러니 연기가 나는 길로 가겠다는 것이었다. 그 길로 조조의 말대로 일행은 달려갔다.

"으하하하, 보라구. 아무도 없잖아."

조조가 소리내 웃으며 말을 채 끝내기도 전에 일성포향이 양편에서 터져나왔다. 앞선 대장은 청룡언월도를 비껴 든 관운장이었다. 조조는 더 이상 살기를 바랄 수 없었다. 경각에 달린 목숨임을 깨닫고 조조는 마지막 구걸을 했다.

"지난 날 내 작은 후의를 생각해 주시구려."

관운장은 전에 조조에게 받은 허다한 은의를 생각하고, 그 의기를 태산같이 여기는 사람이었다.

"지나가게 해라!"

세 번이나 남을 비웃었던 조조(曹操 155~220)였다. 적벽강에서 제갈공명(諸葛孔明 181~234)의 화공(火攻) 작전에 휘말려 무너진 조조는 그 도피 길에서 관운장의 정리 덕분에 겨우 목숨을 건질 수 있었다.

聞人之過失이어든 如聞父母之名하여
문 인 지 과 실   여 문 부 모 지 명
耳可得聞이언정 口不可言也니라
이 가 득 문   구 불 가 언 야

〈馬援〉

남의 잘못을 들으면 마치 부모의 이름을 듣는 것과 같이 하여 귀로 듣기는 하되 입으로 말해서는 안 된다.

〈마원〉

| 해설 | 우리의 일상생활에서도 부모의 함자 석자를 함부로 입에 담지 않는다. 마찬가지로 남의 허물이나 실수에 대해서도 그것을 너절하게 타인에게 전달하지 말 것을 경계하고 있다.
남의 잘못을 전하는 사람의 입만큼 천박한 것은 없다. 또 그것을 듣는 상대방은 그런 말을 하는 사람을 믿음직한 사람으로 여기지 않게 된다.

| 한자풀이 |
聞(문) : 듣다. 널리 견문하다. 聽聞(청문)
名(명) : 이름. 신분상에서 쓰이는 부자, 군신, 존비, 외관, 외형. 名單(명단)
之(지) : 가다. 이(지시대명사) ~의(관형격조사)
失(실) : 잃다. 잘못. 失手(실수)

시의 제목이 '설시(舌詩)'인 내용은 다음과 같다

입은 재앙의 문이요
혀라는 것은 몸을 자르는 칼이다.
입을 닫고 혀를 깊게 감춘다면
가는 곳마다 몸이 편안하리라.

이 시를 지은 풍도(馮道)라는 사람은 당나라 말기에 태어나 오대(五代)에 걸쳐 여러 왕조에서 벼슬을 했다.
당시는 세태가 혼란했다.
정치 또한 격변하던 때에 그가 여러 대에 걸쳐 중책을 지낼 수 있었던 것은 남다른 처신 때문이었을 것이다.
그가 남긴 이 시에서 자신의 처세술이 입과 혀에 있음을 잘 대변해 주고 있다.
굳이 난세가 아니라도 평소 입을 함부로 놀리다가 화를 자초하는 일이 비일비재하다.
몸의 크기에 비해 작기 그지없는 입 하나가 불러오는 위력을 일찍이 깨닫는 사람은 가는 곳마다 몸이 편안할 것이다.

인물

마원(馬援) : BC 11 ~ AD 49. 후한(後漢) 광무제 때의 용장. 촉(蜀)을 정벌하여 복파장군(伏波將軍; 반란을 평정한 장군)이 되고 교지(交趾; 지금의 티베트)의 반란을 평정하여 신식후(新息侯)에 봉해졌다.

道吾善者는 是吾賊이오
도 오 선 자   시 오 적
道吾惡者는 是吾師니라
도 오 악 자   시 오 사

〈邵康節〉

나의 착함을 말하는 사람은 이 곧 나의 도적이요,
나의 악한 점을 말하는 사람은 이 곧 나의 스승이다.

〈소강절〉

| 해설 | 변하는 시대에 주변에서 지적하는 소리에 귀를 기울일 줄 알고, 낡은 것은 버리고 새로워지도록 노력하려면, 혼자로는 안 된다. 자신을 지적해 주는 스승이 있어야 한다.
고정관념을 버려야 하고, 생각을 새롭게 해서 문제를 해결해야 잘 살아갈 수 있다. 무엇이 부족하고 현실에 맞지 않는 것이 무엇인지 알아 변화해야 하는 것이다.

| 한자풀이 |

道(도) : 길. 사상. 말하다. 道理(도리)
吾(오) : 나. 자신. 吾等(오등)
賊(적) : 도둑. 해치다. 盜賊(도적)
師(사) : 스승. 스승으로 삼다. 師父(사부)

백제 31대 의자왕은 처음에는 나라를 잘 다스렸다.

잘못하는 일이 있어 신하들이 지적하는 말을 해도 스승의 말처럼 여기며 받아들였다.

그러나 점차 교만해 지더니, 일체 그런 말을 듣지 않았다.

귀에 거슬리는 말을 하는 신하들을 멀리 귀양을 보내기를 주저하지 않았다. 성충과 흥수 같은 신하들은 진언을 했다가 쫓겨 난 대표적 인물이었다.

왕은 이제 주색에 탐닉하며 나라일은 돌보지 않았다. 그런 반면,

"대왕의 은혜가 온 백성에 가득 넘치고 있습니다. 백성들은 태평스러우며 들판은 오곡백과의 풍년입니다. 이 모두가 대왕의 덕이십니다."

이렇게 아첨하는 신하들의 말을 듣기 좋아해 의자왕은 그들을 싸고돌았다.

한편, 신라에서 김춘추는 당나라를 끌어들이는데 성공했다. 나당연합군을 만들어 백제를 침공할 만반의 준비를 했다.

그런 것도 모른 채 의자왕은 간신들에 둘러싸여 방탕한 나날을 보냈다.

드디어 김유신이 당나라 소정방과 함께 백제를 침공했다. 아무런 준비가 없던 백제는 아무런 힘이 없었다.

이때에 나라를 구하려고 계백이 황산벌로 나아갔다. 하지만 기울어진 나라를 지탱하기에는 역부족이었다. 그는 의롭게 죽어 갔고, 의자왕은 당나라로 붙들려갔다.

백제는 망하고 말았다.

聞人之謗이라도 未嘗怒하며 聞人之譽라도
문 인 지 방   미 상 노   문 인 지 예
未嘗喜하며 聞人之惡이라도 未嘗和하며
미 상 희   문 인 지 악   미 상 화
聞人之善이라면 則就而和之하고
문 인 지 선   즉 취 이 화 지
又從而喜之니라
우 종 이 희 지

〈邵康節〉

남에게 비방을 들어도 성내지 말며, 남에게 칭찬을 들어도 기뻐하지 말라. 남의 악함을 들어도 곧 동조하지 말고, 남의 착함을 들으면 곧 나아가 그와 친화하며 또한 그를 따르며 기뻐하라. 〈소강절〉

| 해설 | 큰 바다는 아무리 바람이 불고 비가 와도 수면의 물결만 흔들린다. 물 아래는 고요하여 흔들림이 없다. 사람이 그 마음의 동요는 많은 경우에 타인의 말과 태도 때문에 생겨나고는 한다.
  칭찬에 금방 기분이 좋아져 들썩거리고, 비방에 화를 내며 펄쩍 뛰는 감정의 변화에 기복이 크면 사회생활을 하기 어렵다.

| 한자풀이 |
謗(방) : 헐뜯다. 비방하다. 毁謗(훼방)
怒(노) : 성내다. 힘쓰다. 怒濤(노도)
則(즉) : 곧. 본받다.
從(종) : 좇다. 나아가다.

예화

당나라 현종 때 재상을 지낸 이임보(李林甫)는 속이 음흉한 자였다.

술수에 뛰어나서 사람들은 그를 경계하며 두려워했다.

안록산의 반란으로 유명한 안록산도 감히 그를 대적하지 못해 그가 죽고 나서야 반란을 일으켰다.

어느 날 현종이 이임보를 대한 자리에서 일이었다.

"엄정지(嚴挺之)는 요즘 어디에서 뭘 하고 있는가?"

느닷없는 질문에 이임보의 머릿속은 재빨리 회전했다.

본래 엄정지는 강직한 인물로 요직을 맡아 나라의 일을 보살펴 오던 사람이었다.

그런 그를 계략을 써 지방의 일개 태수로 내쫓은 게 이임보 자신이었다.

그날 저녁이었다.

집에 돌아온 이임보는 엄정지의 아우를 불러들여 입에 발린 소리를 했다.

"오늘 황제께서 자네 형님을 매우 칭찬하시는 말씀이 있으셨네. 그러니 한번 황제를 뵙도록 하는 게 좋을 걸세. 틀림없이 좋은 자리를 주실 거라는 확신이네. 일단 이렇게 해보게. 몸이 좋지 않아 치료차 장안에 돌아왔다는 글을 올려보도록 하게."

엄정지는 이임보의 계략이 숨겨져 있는 것도 모르고 황제 앞으로 글을 올렸다.

다음날 이임보는 그 글을 현종에게 내보이며 말했다.

"전날 엄정지 말씀이 계셨습니다. 때마침 이런 글을 보내왔습니다. 글의 내용을 살펴보건대 엄정지는 나이가 많아 병이 깊이 든 것 같습니다. 관직을 맡기에는 어렵지 않을까 싶습니다. 그냥 한직의 자리에 두는 게 나을 듯 합니다."

황제 현종은 이임보의 말을 있는 그대로 받아들였다.

"엄정지가 그러하다면 안됐지만 할 수 없군."

엄정지에게 이런 내막이 알려졌다.

화가 머리끝까지 치밀어 오른 엄정지는 끝내 분통함을 가라앉히지 못하고 피를 토하며 절규했다.

"허어, 구밀복검(口蜜腹劍)의 이임보라더니……"

말을 다 끝맺지도 못하고 죽고 말았다.

입으로는 달디단 말을 하고, 뱃속에는 칼을 숨긴 이임보의 계략에 넘어간 것이다.

칭찬 뒤에 숨겨놓은 계략에 넘어간 것이었다.

고사성어

口蜜腹劍(구밀복검)

입에는 꿀이 들어 있지만, 뱃속에는 칼이 있다. 달콤한 말이지만 그 속은 음흉한 생각을 품고 있다는 뜻으로 쓰인다. 출처는 십팔사략(十八史略)

勤爲無價之寶요 愼是護 身之符니라
근 위 무 가 지 보   신 시 호 신 지 부

〈太公〉

근면함은 값을 따질 수 없는 보배요,
신중함은 몸을 지키는 부적이다.

〈태공〉

| 해설 |

　　일찍 일어나는 새가 먹이를 먼저 줍는다는 것은 정한 이치이다. 또 덤벙거리면 실수가 많아 일을 그르치게 한다.
　　근면하지 못한 이유는 인생에 대한 목표가 없기 때문이다.
　　신중하지 못한 것은 생각을 하지 않기 때문이다.
　　목표를 향해서 나가는 자는 게으를 수가 없다. 생각할 줄 아는 사람은 위험에서 자신을 지킬 수 있다.

| 한자풀이 |

勤(근) : 부지런하다. 일. 勤勉(근면)
價(가) : 값. 값있다. 價値(가치)
寶(보) : 보배. 보배롭게 여기다. 寶物(보물)
愼(신) : 삼가다. 진실로. 愼重(신중)
護(호) : 보호하다. 감싸다. 護身(호신)

예화

　은나라를 멸망시킨 무왕이 새롭게 주나라를 열어 왕조 창업에 심혈을 기울이고 있을 때, 서쪽의 여(旅)나라에서 오(獒)라는 짐승을 공물로 보내 왔다.
　오라는 짐승은 개 종류인데 크기가 네 척이나 되었고, 사람의 말을 알아듣고 잘 따르는 영민한 동물이었다.
　무왕이 이 짐승에게 반하고 말았다.
　기이한 동물에 마음이 빼앗겨 창업한 나라를 돌보는데 소홀한 낌새가 보이자 그의 아우 소공(昭公)이 구왕을 찾아 진언했다.
　"왕께서는 이른 아침부터 저녁 늦도록 정치에 힘써야 합니다. 만일 사소한 일에라도 신중함이 결여되는 일이라도 생긴다면, 마침내는 큰 덕을 손상하게 됩니다.
　이를테면 이런 것과 같습니다. 흙을 날라 산을 만드는 사람이 이제 조금만 더하면 아홉 길에 달하려 할 때, 마지막 한 삼태기의 흙을 운반하지 않는다면, 이제까지 수고가 수포로 돌아가는 것과 같습니다."
　근면과 신중함에 있어서 인내를 갖고 끝까지 해낼 때 지금까지 해온 일들이 더욱 빛을 발하는 것이다.

君子有三戒하니 少之時엔 血氣未定이라
군 자 유 삼 계   소 지 시   혈 기 미 정
戒之在色하고 及其壯也하여는 血氣方剛이라
계 지 재 색   급 기 장 야   혈 기 방 강
戒之在鬪하고 及其老也하여는 血氣旣衰라
계 지 재 투   급 기 로 야   혈 기 기 쇠
戒之在得이니라
계 지 재 득   〈孔子〉

군자가 세 가지 경계해야 할 일이 있다.
젊을 때에는 혈기가 안정되지 않았으므로 여색을 경계해야 하고, 장년이 되어서는 혈기가 바야흐로 강성해지므로 싸움을 경계해야 하며, 늙어서는 혈기가 이미 쇠약해지므로 욕심을 경계해야 한다. 〈공자〉

| 해 설 |

젊은 날에 이성에 너무 깊이 빠져 인생을 그르치는 일이 허다하다. 욕정과 이기심을 이기지 못해 가정이 파탄이 나고 집안이 망하는 일이 많음을 생각해 볼 일이다. 사람이 실패하거나 낭패를 당하는 것은 대개가 자신의 탓에 있다. 그 이유는 바로 혈기를 어떻게 했느냐에 달려 있다.

| 한자풀이 |

戒(계) : 경계하다. 알리다. 타이르다. 警戒(경계)
色(색) : 빛. 형상. 색정. 色情(색정)
壯(장) : 장하다. 기상이 굳세다. 壯丁(장정)
衰(쇠) : 쇠하다. 늙다. 衰弱(쇠약)

예화

주왕의 처음은 지혜와 용기를 갖춘 군주였다. 그러나 공물로 받은 달기를 만나고부터 그 기상이 꺾여 버렸다. 매일 그녀의 환심을 사기에 바빴으며, 막대한 국고는 텅 비어 갔다.

'주지육림(酒池肉林)!'

넘쳐 나는 술과 여자들로 둘러싸인 방탕의 나날로 존엄한 궁전은 환락의 소굴로 굴러 떨어졌던 것이다.

보다 못한 충신들이 간곡히 간했지만 소용없었다. 주왕의 폭정은 날로 심해져 간하는 자는 죽음을 면치 못하거나 귀양살이였다. 이때의 간언은 다음과 같은 것이었다.

'은나라 왕이 거울로 삼아야 할 것은 먼 데에 있는 것이 아니라(은감불원 殷鑑不遠) 하나라 걸왕 때에 있다.'

은나라는 탕왕이 세운 나라다. 탕왕은 하나라 걸왕을 무너뜨렸던 것이다. 걸왕은 공물로 보내온 말희라는 여인에게 빠져 정사를 돌보지 않다가 탕왕에게 멸망당했던 것이다. 이러한 고사를 이 간언이 담고 있었다.

그런데 주왕이 지난날 걸왕과 똑같이 달기라는 요녀에게 빠지고 추악한 주색으로 궁전을 더럽혔다. 백성은 도탄에 빠져 원성이 하늘에 치솟았다. 당연히 백성들과 제후들이 들고일어났다. 이때에 서발이 주왕을 멸망시켰다.

서발이란 인물은 은감불원을 간언했던 서백의 아들이다. 서백은 자신의 간언 때문 귀양을 면치 못했었다.

역사는 말한다. 젊어서나 늙어서나 자신의 혈기에 따라 산 사람치고 나라를 망가뜨리지 않은 왕이 없고, 평범한 백성이라 할지라도 혈기를 좇아 산 사람치고 온전한 사람이 없었다.

定心應物하면 雖不讀書라고 可以爲有德
정 심 응 물　　　수 불 독 서　　　가 이 위 유 덕
君子니라
군 자

〈景行錄〉

마음을 안정시켜 사물에 대응하면
비록 글을 읽지 않더라도
가히 덕이 있는 군자가 될 수 있다.　　　　〈경행록〉

해설　　종교에서의 기도나 고행은 마음을 하나로 집중해 안정을 얻는 수단이다. 인간의 마음이라는 것이 어떤 것인지 깨우친다면 수천만 권의 책을 읽은 사람보다 뛰어난 사람이라 해도 좋을 것이다.
　　마음이 안정된 상태에서 보는 세상은 치우침이나 지나침이 없게 된다.
　　마음을 다스리는 사람은 천하를 얻는다고 한 것도 동서양이 일치하는 진리이다.

한자풀이

定(정) : 정하다. 반드시. 定價(정가)
應(응) : 응하다. 받다. 應試(응시)
物(물) : 만물. 일. 종류. 物件(물건)
讀(독) : 읽다. 풀다. 讀解(독해)

현령으로 있는 응빈에게 두선이라는 손님이 찾아왔다. 술자리가 베풀어졌다.

잔이 오가다가 두선이 술잔을 들어 비우려 할 때였다. 두선은 깜짝 놀랐다. 손에 든 술잔 속에 뱀 모양이 어리어 있는 것을 보았던 것이다. 무서웠지만 상사 앞이라 이러지도 저러지도 못한 채 그 술을 마셨다.

귀가한 두선은 그날부터 설사를 하는 일이 생겼다. 가슴과 배가 아파 오더니 아예 음식도 먹을 수 없었다.

치료를 받았지만 낫지를 않았다.

응빈이 이것을 알고 찾아가 물어 보자 두선이,

"뱀이 무섭습니다. 그날 술잔 속에서 뱀의 그림자를 보았던 것입니다. 뱀이 몸속에 들어갔나 봅니다."

말하는 것이었다. 두선이 뱀을 보았다니 아무래도 이상했다. 술자리가 있었던 창안을 둘러보다가 문득 벽에 걸린 활이 눈에 띄었다. 응빈은 무릎을 쳤다.

응빈은 재차 두선을 집으로 불러 그 자리에 술상을 차렸다.

"자, 보게나. 술잔에 떠오른 그림자가 뱀의 모양을 하고 있지만, 벽에 걸린 활의 그림자가 비쳤던 것뿐이라네."

말하며 활을 벽에서 치워 보았다.

뱀의 그림자가 술잔에서 사라진 것은 물론이었다.

"그럼, 그동안 헛것에 시달렸다는 말이군요."

"달리 괴이한 것은 없는 것이라네."

위로해 주었다. 두선의 응어리는 풀렸다. 마음이 편안해 졌으니 곧 병도 사라졌다.

避色을 如避讐하고 避風을 如避箭하며
피색   여피수   피풍   여피전
莫喫空心茶하고 少食中夜飯하라
막 끽 공 심 다   소 식 중 야 반

〈夷堅志〉

여색을 피하기를 원수를 피하듯 하고
바람을 피하기를 화살 피하듯 하라.
빈 속에 차를 마시지 말고,
한밤중에 밥을 많이 먹지 말라.　　　〈이견지〉

| 해설 |

　　사람이 살아가면서 해야 할 것과 하지 말아야 할 것이 있다. 이것을 지키지 않는다면 사람과의 관계에서 원수를 맺게 되고 또 뜻하지 않는 불행을 맞게 된다.
　　피해야 하는데도 오히려 뛰어든다면, 마치 등에 기름통을 지고 불 속으로 달려드는 것과 같다.
　　피해야 할 것들은 오랜 세월 동안 인간의 경험에서 나온 것이다.

| 한자풀이 |

讐(수) : 원수. 갚다. 怨讐(원수)
箭(전) : 화살. 전통(箭筒)
喫(끽) : 마시다, 먹다. 피우다. 喫茶(끽다)
莫(막) : 말다. 고요하다. 없다.
飯(반) : 밥. 먹이다. 기르다. 飯饌(반찬)

예화

　노국공주가 죽었다. 고려 말기, 31대 공민왕의 가슴에서는 더 이상 정사를 돌볼 의지를 찾을 수 없었다. 아내를 잃은 슬픔은 불공을 드리는 데로 기울어 버렸고, 조정은 승려 신돈의 손아귀로 넘어갔다.
　간악한 신돈은 호색한이었다. 오늘도 그는 핏발이 선 눈으로 자색이 고운 여인을 찾았다. 그의 주변 떨거지들은 그에게 여자를 갖다 바치기에 분주했다.
　"그 사대부의 처첩이 아주 빼어났습니다."
　신돈이 듣고 고개를 끄덕이면 그날로 고하를 막론하고 그 집 사내에게 죄를 뒤집어씌우고 감옥에 처넣었다. 그러면 사람을 시켜 농간을 부렸다.
　"신돈을 찾아가야만 빼내올 수 있답니다."
　신돈을 찾아간 아녀자가 할 수 있는 일은 그 앞에서 교태를 부리는 일일 뿐이었다. 혹시라도 항의를 한다든가 불손한 태도를 부렸다가는 도리어 벌을 받거나 귀양을 가야 했다. 심지어 죽임을 당하는 일도 있었다.
　세상 천지는 신돈의 여색잡기에 온통 치를 떨었다. 남자가 잡혀갔다는 소리만 들리면 그날로 곱게 단장을 하고 신돈의 집을 찾아가는 게 무엇을 뜻하는지 모르는 사람이 없었다.
　고려가 망하기는 시간 문제였던 것이다.

서책

이견지(夷堅志) : 송나라의 학자 홍매(洪邁)가 엮은 설화집. 모두 420권. 이상한 사건이니 괴담을 모은 책.

衆이 好之라도 必察焉하며
중 호지 필찰언
衆이 惡之라도 必察焉이니라
중 오지 필찰언

〈孔子〉

모든 사람들이 이를 좋다고 하여도
반드시 살펴보아야 하며,
모든 사람들이 이를 미워하더라도
반드시 살펴보아야 한다. 〈공자〉

| 해 설 | 지나치게 유행을 좇는 것은 그 생각이 옳고 그름, 해야 할 바와 하지 말아야 할 바를 분별하지 못 하기 때문이다. 그래서 극단적으로 민중은 우매하다고 했고, 민중의 우매함을 역이용하는 무리가 있다고 했다. 무턱대고 따를 것이 아니라, 생각해 보고 따져보아야 한다. 나쁜 친구를 사귀는 것도 그 친구에 대해 살펴보지 않는 무신경, 어리석음, 허영에 빠지기 때문에 생겨난다.

한자풀이

衆(중) : 무리. 많은 사람. 大衆(대중)
好(호) : 좋다. 옳다. 好色(호색)
必(필) : 반드시. 틀림없이. 꼭. 오로지. 必須(필수)
察(찰) : 살피다. 알다. 조사하다. 觀察(관찰)

송강(松江) 정철의 '송강가사'의 한 노래에 이런 게 있다.

수미산을 서너 바퀴 감돌아 올라가
오뉴월 아주 더운 철 한낮쯤에
살얼음 잡힌 위로 된서리가 섞어 치고
자취눈이 내린다는 전설이 있다 하거니와
그대는 그것을 참으로 눈이라 보는가.
님아, 님아. 별사람이 별라별 소리를 다 해 대도
곧이듣지 말고 헤아려서 들으소서.

시란 비유와 상징을 써서 전하는 문학이다. 이때의 '된서리'를 여러 가지 뜻을 해석할 수 있을 것이다. 간악한 무리의 음모라고 해도 좋으며, 미움이라든가 시기 질투 따위의 복잡한 감정이라 풀이해도 무난하다.

미워한다면 그만한 이유가 있을 것이다.

좋아한다고 해서 물고기처럼 먹이를 덥석 물다가는 낚시에 걸려들고 만다.

정철은 자신이 귀양을 간 일에 대해 구차하게 변명을 하거나, 항의를 하지 않았다. 그는 인간들의 마음속에 오가는 애증을 이해하고 받아들였다.

그런 심정으로 조용히 가사를 지었다. 그리고 자신을 달래었던 것이다. 그런 동시에 때를 기다렸던 것이다.

酒中不語는 眞君子요
주중불어　　진군자
財上分明은 大丈夫니라
재상분명　　대장부

〈孔子〉

술 취한 중에도 말이 없으면 참다운 군자요,
재물에 대하여 분명하면 대장부이다.

〈공자〉

| 해설 | 성인이 되는 자식에게 그 아버지가 주도(酒道)를 가르치고는 했다. 따라서 모든 것은 배우기 나름이다. 처음 바르게 배우고 잘 습관화되면 모가 나지 않은 성품으로 일생을 살아갈 수 있다.
　　재물도 마찬가지다. 탐욕에 빠져 버릇하면 평생에 그 욕심을 버리지 못하고 추잡한 인간으로 살아가게 되는 것이다. 술과 재물에 대한 인생관이 옳아야 사람다운 사람이 된다.

| 한자풀이 |

酒(주) : 술. 잔치. 酒宴(주연)
中(중) : 가운데. 마음. 中心(중심)
眞(진) : 참. 생긴 그대로. 眞實(진실)
財(재) : 재물. 처리하다. 財産(재산)
明(명) : 밝다. 환하게. 明白(명백)

예화

제나라 위왕은 다급했다.

초나라의 침공을 막을 자신이 없었던 것이다. 우왕은 서둘러 조나라에 구원을 요청했고, 이에 따라 조나라는 10만 군사와 전차 1천대를 빌려 주었다. 빌려 주는 대가로 조나라는 제나라에게서 엄청난 황금과 소중한 공물을 받았다.

초나라는 제나라의 이러한 움직임을 보자 침공을 멈추고 그날 밤으로 철수해 버렸다.

제나라 위왕은 기뻤다. 조나라에 구원 요청의 사자로 다녀왔던 순우곤을 초대해 주연을 베풀었다.

술좌석이 무르익을 때였다. 왕이 순우곤에게,

"그대는 얼마큼 마셔야 취하는가?"

하고 묻자.

"한 말로도 취하는가 하면 한 섬으로도 취합니다."

라고 대답하는 게 아닌가?

왕은 의아했다.

"한 말에 취하는 주량이라면 한 섬을 마신다는 건 있을 수 없다. 무슨 뜻에서 그런 말을 한 것인가?"

순우곤은 공손히 대답하기 시작했다. 제법 긴 답변이었다.

"존귀하신 왕 앞에서 술을 마실 때면 한 달도 마시지 못해 취하고 맙니다. 고관대작이 앞뒤로 서서 버티고 있기 때문입니다.

집안의 대소사로 손님을 접대하게 될 때면 두 말도 안 되어서 취해 버립니다. 공경히 술을 받아 먹거나 상대의 장수를 기원하면서 마시기 때문입니다.

친구와 만나서 마시게 되면 여섯 말을 마셔야 취해 버립니다. 오랜만에 만나 이야기를 주거니 받거니 하면서 마시기 때문입니다.

하지만, 남녀와 어울려 마실 때면 여덟 말 정도는 마셔야 취해 버립니다. 남녀가 뒤섞여 즐겁게 마시기 때문입니다.

그런데, 해가 떨어지고 술 또한 거의 바닥이 나며, 합석한 남녀의 신발이 뒤섞이고, 술잔과 그릇들이 마구 뒤섞여 흩어지면서(배반랑자 杯盤狼藉) 어느덧 집안의 등불도 꺼져 갑니다.

이제 안주인은 손님들을 떠나보내고 저 혼자 머물게 한 뒤, 비단 적삼을 풀어 헤칩니다. 그러면 은은하기 짝이 없는 향기가 흘러나옵니다.

이럴 때야말로 제 마음은 희희낙락 바로 그것입니다. 그리하여 마시는 술은 한 섬까지 마실 수 있게 됩니다.

주량은 얼마나 마시는가에 달려 있지 않습니다. 횡설수설한다면 아무리 많이 마셨다고 해도 주량이 크다 할 수 없습니다. 그래서 이르기를 '술이 극에 달하면 흐트러지고, 즐거움이 극에 달하면 슬퍼진다' 라고 했습니다.

모든 일이 다 이러합니다."

참으로 긴 순우곤의 말이 품고 있는 핵심은 무엇이었던 것일까? 그것도 왕 앞에서였다.

위왕은 그날로 밤새워 주연회하던 것을 중지했다. 술을 자제하고 나라를 돌보는데 전념했다.

萬事從寬이면 其福自厚니라
만 사 종 관   기 복 자 후

〈孔子〉

만사에 너그러움을 따르면
그 복이 저절로 두터워진다.

〈공자〉

| 해설 |

우화에 햇빛과 바람 중 어느 쪽이 사람의 옷을 벗길 수 있는가 하는 게 있다. 바람은 세차고 강하지만 옷을 벗기기 어렵고, 부드럽지만 그 따뜻함이 지속되면 결국 더워서 옷을 벗게 된다.
　강한 것은 부러지기 쉽다. 부드러운 관용이 있는 곳에 좋은 사람이 모인다. 좋은 사람은 서로가 돕고 위하는 생활을 하게 되는 것이다. 그러면 복은 저절로 굴러 오게 된다.

| 한자풀이 |

萬(만) : 다수. 크다. 萬物(만물)
寬(관) : 너그럽다. 넓다. 寬容(관용)
自(자) : 스스로. 몸소. 自身(자신)
福(복) : 복. 복 내리다. 돕다. 福壽(복수)
厚(후) : 두텁다. 두터이하다. 厚意(후의)

예화

주흥이 한창 올라 왕이며 신하들이 흥겨움에 흠뻑 젖어 있을 때 한줄기 세찬 바람이 불어와 촛불들을 일순에 꺼뜨렸다. 순식간에 연회장은 캄캄한 어둠이 들어찼다.

이를 기화로 묘한 일이 벌어졌다. 한 신하가 왕의 총애하는 여자를 끌어안고 더듬었던 것이다. 놀란 여자는 그 사내의 갓끈을 잡아 당겨 끊어진 한 쪽을 거머쥐었다.

"희롱한 사내가 있어요. 처벌해 주세요."

증거를 쥐고 있다며 여자가 왕에게 일러바치는 게 아닌가.

왕은 여자의 말을 듣지 않았다.

"오늘은 내가 주연을 베풀었으니 즐거운 자리다. 갓끈을 끊지 않은 사람은 나와 더불어 즐거웠다고 할 수 없다."

이 날의 왕이 바로 초나라 장왕(莊王)이다.

그 일이 있고, 얼마 뒤 진(晋)나라와 싸움이 벌어졌다. 한 장수가 남보다 앞서 기세를 돋우어 적장의 머리를 베어 오기를 다섯 번이나 했다. 장왕이 그를 불러 물었다.

"그대의 무공이 전과 다르오."

"불이 꺼진 연회에서 총희를 안았던 바로 그 자입니다."

"그대가? 하기야, 그날 밤 그대로 불을 켰더라면 자네는 큰 망신을 당했겠지. 내 생각에 한 계집의 정절 때문에 신하를 욕보일 수는 없어 모두 갓끈을 끊도록 했던 게야."

"대왕, 그 관대하심을 알았기에 목숨으로 은혜를 갚고자 했을 뿐입니다."

그 장수의 무공은 진나라를 물리치는데 큰 힘이 되어 주었다. 장왕의 관대함이 나라를 강성하게 했던 것이다.

欲量他人인대 先須自量하라
욕 량 타 인　　선 수 자 량
傷人之語는 還是自傷이니
상 인 지 어　　환 시 자 상
含血噴人이든 先汚其口니라
함 혈 분 인　　선 오 기 구
〈太公〉

다른 사람을 헤아려 알려 한다면 먼저 모름지기 스스로를 헤아려 보라. 남을 해치는 말은 도리어 자기를 해치는 것이 되니 피를 머금어 남에게 뿜으면 먼저 그 입이 더러워진다. 〈태공〉

| 해 설 |

소크라테스는 '네 자신을 알라'는 말을 했고, 이 말은 수천년이 흐른 지금도 철학적 명제로 쓰이고 있다. 이상하게도 사람은 자신을 냉정하게 보는 눈이 결여되어 있다. 속담에도 자기에게 묻은 것든 더 고약한데 남에게 묻은 조그마한 오점을 나드라는 것은 어리석다고 했다. 자신을 먼저 안다면 입에 피를 머금고 남에게 뿜는 일은 없을 것이다. 칼로 일어선 자는 칼로 망한다고 했다.

| 한자풀이 |

欲(욕) : 하고자 하다. 하려고 하다. 바라다. 欲求(욕구)
須(수) : 모름지기. 마땅히. 수염. 必須(필수)
傷(상) : 상처. 닿다. 이지러지다. 傷害(상해)
還(환) : 돌아오다. 복귀하다. 돌려보내다. 還國(환국)
含(함) : 머금다. 넣다. 품다. 含蓄(함축)

예화

"피를 뿌려 가며 승리하는 것은 하책 중의 하책이다."

이렇게 말한 손무(孫武)는 손자병법(孫子兵法)을 남긴 인물이다. 그는 춘추시대 때 오나라 왕 합려를 도와 패업을 이뤄낸 당대의 전술가였다.

손자병법에서 싸우지 않고 승리하는 것을 가리켜 그는,

"상책 중의 상책."

이라고 했다. 계략을 써서 상대의 전의를 꺾는 것을 제일로 쳤던 것이다. 그는 백전백승을 그다지 좋아하지 않았다.

"백번 싸워 백번 이긴다는 것은 계책으로서 상책이 아니다. 싸우지 않고 적을 굴복시켜라. 그것이 최고다."

항상 이 최고책만을 쓸 수 있게 천하의 상황이 돌아가는 것은 아닌 것이다.

적군과 마주 싸우는 사태도 벌어지기 마련이다. 그는 이것에 대해서도 명쾌하게 말했다.

"상대를 알고 자기를 아는 자는 백 번 싸워도 지는 법이 없다. 자기라도 알고 상대를 알지 못하는 자는 한 번 이기고 한 번 진다. 그런데 상대도 모르고 자기도 모른다면 싸울 때마다 패한다."

喜怒는 在心하고 言出於口하나니
희 노   재 심   언 출 어 구
不可不愼이니라
불 가 불 신

〈蔡伯皆〉

기쁨과 노여움은 마음에 달려 있고,
말은 입에서 나오는 것이니,
삼가하지 않을 수 없다.　　　　　　　〈채백개〉

| 해설 | 기뻐하는 것도 노여워하는 것도 마음이 움직여야 일어나는 감정이다. 세상사라는 것은 결국 마음과 마음이 부딪쳐 일어나는 일들이다. 입에서 나오는 말도 자기 안에 담긴 생각과 마음이 흘러나오는 것이다. 그리고 그것이 행동이 되고 상대방과의 관계로 발전한다.
　　마음과 입과 행동은 각기 서로가 연관되어 일어나는 것이기에 마음을 다스리고 입조심해야 한다.

| 한자풀이 |

喜(희) : 기쁘다. 즐겁다. 좋아하다. 喜樂(희락)
怒(노) : 성내다. 화내다. 怒濤(노도)
口(구) : 입. 어귀. 구멍. 口脣(구순)
出(출) : 나다. 나타나다. 나가다. 出入(출입)

예화

공자가 나이 들어 그의 학문이 원숙함에 이르렀을 때였다. 어느 한 날 우쭐한 마음으로 문 밖을 나갔다.

한 어린 동자와 마주쳤다.

"공자님, 안녕하세요? 무슨 일로 밖에 나오셨어요?"

"할 만큼 공부를 했다. 배우고 익힐 것이 없어 바람 쐬러 나왔구나."

"제가 한 가지 물어도 괜찮겠습니까?"

"그래라."

"저 하늘의 별은 몇 개나 될까요?"

"그건 하늘의 것이니, 땅의 것을 물어 보아라."

"대답할 자신이 없으시나 보아요. 그럼 땅의 것을 묻지요. 이 땅 위에는 돌이 몇 개나 있을까요?"

공자는 대답하지 못했다. 땅 위에 있는 그 많은 돌을 누가 알 수 있단 말인가?

"아이야, 난 사람에 대한 공부를 했다."

마지못해 그렇게 대답해 놓은 공자는 동자의 다음 말을 기다렸다.

"좋아요. 그럼, 사람 몸에 대해 물어볼 게요. 맞춰 보세요. 책은 눈으로 읽는 것이니까, 그렇다면 눈에서 가장 가까운 눈썹은 모두 몇 개일까요?"

공자는 말문이 막혔다. 동자의 질문에 어느 하나 대답한 게 없었다. 그러면서 계속 큰 소리쳤던 것이다.

"거 보세요. 아무 것도 모르시잖아요. 그런데도 다 아시는 것처럼 제게 큰 소리치셨어요."

동자는 방긋 웃으면서,

"그러니 말조심 하세요. 그리고 공부도 더 하세요."

하는 말을 남기고 사라져버렸다. 공자는 한숨이 나왔다.

"내가 너무 잘못했구나. 말을 조심하고 삼가야 하는데, 내가 그렇지 못했구나."

공자는 크게 뉘으쳤다. 다시 더욱 공부에 매진하여 죽는 날까지 공부를 게을리하지 않았다.

인물

채백개(蔡伯皆) : 후한 영제(靈帝) 때의 학자. 이름은 옹(邕). 백개는 자임. 사장(辭章)과 경술(經術)에 뛰어나고 시도 잘 지었음. 저서에 채중랑전집(蔡中郞全集)이 있다.

알아두기

　공자의 영향—공자는 많은 제자들을 교육하여 인의 실현을 가르쳤다. 자기자신도 그 수양에 힘써, "종심소욕불유구(從心所欲不踰矩)"라고 술회할 정도의 인격에 도달했기 때문에, 생전에도 커다란 영향력을 가지고 있었다.

　사후에는 제자들이 각지에서 그 가르침을 전파하였으나, 제자백가(諸子百家)가 일어남으로써 교세가 약해졌다.

　이를 다시 일으킨 사람이 맹자(孟子)였으며, 전국(戰國) 말기에 순자(荀子)가 이파(異派)의 사상도 받아들여 집대성했다.

　그후 한(漢)나라의 무제(武帝)가 유교를 국교(國敎)로 택하게 됨에 따라 공자의 지위는 부동의 것이 되었다. 사실은 각 시대의 유교 내용에는 큰 변화가 있었는데도 불구하고, 공자 자체는 이 가르침의 비조(鼻祖)로서 청조(淸朝) 말까지 계속 존경을 받았다. 한국도 많은 영향을 받았다.

편안하게 살려면 분수에 맞게
살아야 한다는 글들을 모았다.
이 세상의 모든 것들은 각자의 존재 목적과
역할과 위치가 정허져 있다.
그것을 달리 말하면 분수임으로
그 분수에 맞게 살아갈 것을 가르치고 있다.

安 分 篇

知足可樂이오 務貪則憂니라
지족 가락　　무 탐 즉 우

〈景行錄〉

만족할 줄을 알면 가히 즐겁고,
탐욕에 힘쓰면 근심이 된다.

〈경행록〉

| 해설 |

'지족안분'은 처세의 첫 번째 교훈이라 할 수 있다. 그래서 집안의 가훈으로도 널리 쓰인다. 욕심이 많으면 근심을 낳고, 탐욕이 많으면 재앙을 낳는다는 것은 세상의 이치다.

현대 자본주의나 자유주의 사상은 끝없는 욕망의 추구에 그 바탕을 두고 이다. 현대의 비극은 만족할 줄 모르고 탐욕에 좇는데 있다고 하는 사회학자의 경고에 귀 기울여 보자.

| 한자풀이 |

知(지) : 알다. 분별하다. 知能(지능)
足(족) : 발. 근본. 만족하다. 족족(足跡)
務(무) : 일. 힘쓰다. 業務(업무)
貪(탐) : 탐하다. 더듬어 찾다. 貪慾(탐욕)
憂(우) : 근심하다. 근심. 憂愁(우수)

　배가 고픈 늑대가 마을로 내려왔다. 어느 조용한 집에 들어가 우리 속 돼지 한 마리를 물고 산으로 올라갔다.
　가던 도중에 염소 한 마리를 보았다. 풀을 뜯어 먹고 있는 염소가 먹음직해 보였다.
　"돼지보다 염소가 더 맛이 있을 거야."
　그렇게 생각한 늑대는 돼지를 놓아 주고 염소에게 달려들었다. 좋은 먹이감이라고 기뻐하며 염소를 물고 산속을 달아났다. 늑대는 염소를 뜯어 먹을 작정으로 조용한 바위 밑을 찾았다. 토끼 한 마리가 그곳 밑에서 낮잠을 자고 있는 게 보였다.
　"귀엽게 생겼구나. 생긴 대로 고기 맛이 부드러울 거야."
　늑대는 더 맛좋은 고기를 먹을 수 있게 된다는 욕심에 부풀어 물고 있던 염소를 놓아주었다.
　토끼에게 달려들었다. 놀란 토끼는 재빠른 동작 덕택에 구사일생으로 살아났다. 산꼭대기를 향하여 냅다 도망을 쳤다.
　재빠른 토끼의 재주에는 늑대가 따라갈 수 없었다. 어느 새 토끼는 시야에서 사라지고 보이지 않았다.
　늑대는 더욱 배가 고파 왔다. 돼지와 염소라도 먹을까 하고 둘러보았으나 거기에 있을 리 없었다.
　어슬렁거리며 다시 마을로 내려갔다. 그러나 마주친 것은 호랑이이었다. 늑대는 호랑이의 밥이 되고 말았다.
　"내가 욕심을 내다가 이 지경이 되었구나."
　늑대는 죽어 가며 그렇게 생각했지만, 호랑이가 그걸 알 턱이 없었다.

知足者는 貧賤亦樂이요
지 족 자　　빈 천 역 락
不知足者는 富貴亦憂니라
불 지 족 자　　부 귀 역 우

〈景行錄〉

만족할 줄 아는 사람은
가난하고 천하여도 또한 즐거울 것이요,
만족할 줄 모르는 사람은
부귀하여도 또한 근심스럽다.　　　　　〈경행록〉

| 해설 | "돈이 많다고 행복한 건 아니야."
많이 들어보는 말이다. 왜 그런 말을 하는 것일까? 뒤집어 보면 행복은 만족할 줄 아는데 있다는 것을 알 수 있다.
　만족한다는 것의 기준은 무엇일까? 스스로 만족하며 즐길 수 있다면 그것이 만족이다.
　탐욕을 경계하는 것이 만족에 이르는 지름길이라 할 수 있다.

| 한자풀이 |
貧(빈) : 가난하다. 곤궁. 貧寒(빈한)
賤(천) : 천하다. 신분이 낮다. 賤民(천민)
亦(역) : 또한. 모두
憂(우) : 근심하다. 憂慮(우려)

그해 섣달 그믐, 마을에는 떡방아 찧은 소리가 쩡쩡 울렸다. 집집이 다 설 준비를 하고 있는데, 단 한 곳 백결의 집 마당은 조용했다.

이따금 그의 아내가 내지르는 한숨이 흘러나오다가 힘없는 투정소리로 사그라들었다.

"여보, 남들은 방아를 찧는다 뭘 한다 소리내고 있는데 우린 이 모양이군요."

옆에 있던 백결은 할 말이 없어 거문고를 끌어당겼다.

"내 할 말은 없구려. 굳이 말한다면 부귀는 하늘에 달려 있는 법이오. 불평을 가져본들 무슨 소용이 있겠소. 내 대신 거문고로 방아 찧는 소리를 내 보겠소. 이걸로라도 당신에게 위안이 되었으면 하오."

정말 그의 말대로 거문고에서 방아 찧는 소리가 났다. 그 소리가 너무나 똑같았다.

아무도 백결의 이러한 딱한 형편을 눈치채지 못했다.

이윽고 그는 가난을 이겨내고 신라 당대 거문고의 달인으로 성공하여 칭송 받았다.

滿招損하고
만 초 손
謙受益이니라
겸 수 익

〈書經〉

가득 차면 손해를 초래하고
겸손은 이익을 얻는다.

〈서경〉

| 해설 | 달도 차면 기운다는 세상의 이치를 살펴 볼 일이다. 무엇이든지 절정에 이르면 그것이 언제까지 계속되지 않는 것이 세상의 모습이다.
부와 명예를 누리다가 하루아침에 망해 전락하는 경우의 대부분은 겸손하지 않은 탓이다.
사람이 최고의 절정에 있게 되면 눈에 보이는 것이 없고, 교만과 거만에 빠진다. 교만은 패망의 선봉이라는 말이 있음을 새겨둘 일이다.

| 한자풀이 |

招(초) : 부르다. 얽어매다. 招人鐘(초인종)
損(손) : 잃다. 감소하다. 損失(손실)
謙(겸) : 겸손하다. 감하다. 謙遜(겸손)
受(수) : 받다. 얻다. 받아들이다. 受任(수임)
益(익) : 더하다. 증가. 利益(이익)

"아니, 우리가 이렇게 매를 맞아도 돼?"

백금(伯禽)과 강숙봉(康叔封)이 대궐을 나서며 울분을 토했다. 두 사람은 막 성왕(成王)을 알현하고 주공(周公)을 만나고 나오는 길이었다.

"주공께서 어쩐 일로 우리를 매질하는지 알다가도 모를 일이야. 현인이라는 상자(商子)를 만나 물어 볼까?"

두 사람은 주공을 세 차례 만났는데 그때마다 심한 매질을 당했고, 지금도 사정없이 맞고 나오던 중이었다.

그들 두 사람의 이야기를 듣고 난 상자가 말했다.

"두 분은 남산의 낯쪽에 가 보시지 않겠습니까? 거기 가면 교(橋)라는 이름의 나무가 있습니다."

그들이 다녀와서 본 것을 이야기하자 상자는,

"그럼 다시 남산의 북쪽에 가 보시지요. 거기에 가면 재(梓)라는 이름의 나무가 있습니다."

일러줌에 따라 역시 두 사람은 다녀와 상자 앞에 마주 앉았다.

"그렇다면 이제 두 분이 본 것에 대해 비교해 말해 보십시오."

교나무는 가지들이 위쪽으로 쭉쭉 뻗어 있었고, 재나무는 아래로 낮게 뻗어 있었다.

"말씀 드리자면, 재나무는 자식의 도리를 뜻하는 것입니다."

상자의 집을 물러나온 두 사람은 다음 날 다시 주공을 찾았다. 이때는 들어서는 순간부터 다소곳한 몸가짐을 갖추고 마루에 무릎 꿇고 앉았다.
　주공은 그들의 머리를 쓰다듬었다.
　"어떤 군자가 너희들에게 가르쳐 주었느냐?"
　"상자라는 현인을 만나 뵈었습니다."
　"상자는 군자로구나."
　이 날 이후부터 백금과 강숙봉은 겸손한 사람이 되었다.
　여기서 말하는 교나무는 아버지의 도리를 이르는 것이고, 재나무는 자식의 도리를 이르는 것이다.
　엄한 교육의 장단으로 따지자면, 엄격한 가르침에서 자란 사람은 생각과 행동이 바름이 많다고 한다.
　교육의 근본은 인간을 겸손하게 하는 데에 있다.

安分身無辱이오 知機心自閑이라
안 분 신 무 욕　　지 기 심 자 한
雖居人世上이나 却是出人間이니라
수 거 인 세 상　　각 시 출 인 간

〈安分吟〉

편안한 마음으로 분수를 지키면 몸에 욕됨이 없을 것이요, 세상의 기틀을 알면 마음이 저절로 한가해지나니 비록 인간 세상에 살지라도 도리어 이 인간 세상에서 벗어나게 된다. 〈안분음〉

| 해 설 |

　　인간 세상에 살면서 인간 세상에 살지 않는 것과 같은 경지가 과연 있을까? 이런 질문으로부터 답을 찾는다면 분수를 지켜야 할 것을 그 전제조건으로 삼고 있다. 사람은 왜 분수를 지키지 못하는가? 허영과 욕심과 질투 따위들에 마음이 물들어 있기 때문이다. 인생은 '고(苦)'라고 말하기도 한다. 왜 고달픈 인생인가 하면 분수를 지키지 못하고 제멋대로 살기 때문이다.

| 한자풀이 |

辱(욕) : 욕보이다. 수치. 辱說(욕설)
機(기) : 틀. 조짐. 機微(기미)
閑(한) : 막다. 한가하다. 閑暇(한가)
世(세) : 대(代). 세상. 때. 世代(세대)
却(각) : 도리어. 물리치다. 棄却(기각)

예화

 분수를 지켜 성실하게 사는 선비는 임금의 사랑을 받고 백성들의 존경을 받았다. 그러나 이 때문에 시기도 받았다.
 한이라는 사람이 그러하였다.
 한이는 벼슬이 높아질수록 많은 시기를 받았다. 벼슬이 높아졌다고 해서 그의 가난한 생활이 부요하게 바뀌지도 않았다. 그러니 더욱 헐뜯음을 당했다.
 어느 해였다.
 평소 한이를 못마땅하게 여긴 신하가 임금에게 고자질을 했다.
 "한이는 겉은 가난한 척하지만, 뒤로 챙겨 놓은 게 많습니다. 문을 꼭 걸어 잠그고 보여주지 않는 방이 하나 있다고 합니다. 필시 그곳에는 금은보화를 잔뜩 숨겨 놓았을 것입니다. 내사해 그를 문초해 주십시오."
 임금이 손수 한이의 집을 찾아갔다.
 집에 들어선 임금은 놀랐다. 한 나라의 재상으로서의 집이 너무도 초라했기 때문이었다.
 그런데 듣던 대로 방 하나는 자물쇠가 잠겨 있었다.
 "저 방을 열어 보게."
 "그 방만은 보지 말아 주십시오."
 하고 왕의 청에 거절하는 것이었다. 임금의 곁에 따라온 신하가 그것 보라는 듯한 표정을 지었다.
 "그렇다면 듣던 대로 저 방에는……."
 하고 임금이 근심스러운 표정을 짓자, 한이는 어쩔 수 없이 열지 않을 수 없었다.

"보여 드리기 부끄럽습니다."

그러면서 방의 자물쇠를 열고 문을 열었다.

방 안을 살펴본 임금과 신하는 그 자리에서 크게 놀랐다.

"아니, 다 떨어진 헌 옷 한 벌밖에 없잖은가?"

방안의 상 위에 헌 옷 한 벌이 놓여 있었다.

한이가 몹시 가난하던 때 입었던 옷이었다.

왕은 의아해 묻자 한이가 대답했다.

"지난 날 입었던 옷입니다. 벼슬에 나아간 뒤 분에 넘치는 마음을 먹거나 생활을 하게 되는 것을 경계하려고 둔 것입니다. 종종 이 방에 들어와 스스로 마음을 다스리려 애를 써 오곤 해 온 헌옷입니다."

한이를 못 마땅히 여기던 신하들은 부끄러워 말을 잃었다. 임금은 분수를 지켜 욕됨이 없이 살아가려는 한이가 믿음직했다. 한이 같은 사람이야말로 인간세계에 살지만 인간 세계를 벗어난 삶을 살아가려는 모습이었다.

참고

안분음(安分吟) : 송나라 정이의 이천격양집(伊川擊壤集)에 있는 시. 안분이란 자기 분수를 편안히 여기는 것을 말한다.

'ㅁ-음'을 핵심으로 한 글들을 모았다.
보이지 않는 마음이 보이는 마음으로 나타나는
것이 행등이다. 마음이 늘 움직이고 있는 것이다.
그 움직이는 마음을 어느 방향으로
가 있게 하느냐에 따라
살아가는 인생이 달라진다는 것을 가르치고 있다.

존심편

-

存 心 篇

坐密室을 如通衢하고
좌밀실   여통구
馭寸心을 如六馬면 可免過니라
어촌심   여육마   가면과

〈景行錄〉

밀실에 앉아 있는 것을 네거리에 앉은 것 같이 하고,
작은 마음을 제어하기를 여섯 말같이 하면
가히 허물을 면할 수 있다.   〈경행록〉

| 해설 | 사람은 혼자 있을 때를 경계하라고 한다.
'숨은 것보다 더 잘 드러나는 것은 없고, 미세한 것보다 더 잘 나타나는 것은 없다. 그러므로 군자는 혼자 있을 때 삼가야 한다.' 중용에 나오는 이 말에서 혼자 있을 때 삼가라는 것은 인간을 꿰뚫어 본 말이다. 인간은 마음이 한번 흐트러지면 그것이 행동으로 나오기 때문에 혼자 있을 때 또한 자신을 경계해야 한다.

| 한자풀이 |

坐(좌) : 앉다. 무릎꿇다. 坐視(좌시)
通(통) : 통하다. 꿰뚫다. 通過(통과)
衢(구) : 네거리. 길. 갈림길
馭(어) : 말을 부리다. 마부. 馭車(어거)
寸(촌) : 마디. 寸陰(촌음)

예화

토정비결로 널리 알려진 토정 이지함이 열심히 공부하던 때의 이야기이다. 도학으로 이름을 떨친 서경덕을 찾아갔다.

그의 제자가 되기 위함이었는데, 개성 송악산 기슭에 집을 얻어 살게 되었다.

어느 날이었다. 집주인이 출타하고 없는 때였다.

"안에 계세요?"

문을 열고 보니 주인의 아내였다.

들어오라는 말도 하지 않았는데 부인은 방안으로 들어왔다. 과일을 내어놓더니 시간이 지나면서 이상한 태도를 보였다.

"한 번 안아주세요."

조금씩 낌새를 느끼던 이지함은 마음에 결정을 했다.

"이러시면 안 됩니다."

단호한 거절이었다. 그러나 부인은 물러서지 않았다.

"잠깐이면 되잖아요. 안아 줘요."

던지듯 그에게 몸을 안겨왔다. 이지함은 나무랐다.

"도리에 어긋나는 일이니 썩 물러가시오."

그럴 즈음 집주인이 돌아왔다.

자신의 아내를 내치며 쫓아내는 광경을 보게 되었다. 집주인은 그 길로 서경덕을 찾아가 사실을 알렸다.

며칠 뒤 서경덕은 이지함과 마주 대했다.

"내가 더 가르칠 게 없네. 그대의 인격은 높은 경지에 이르러 있다네."

집주인의 아내와 있었던 일은 서경덕이 이지함을 인정하는 결정적인 일이 되었다.

동시에 이지함이라는 인물이 세상에 알려지는 계기가 되기도 했다.

이지함은 기골이 장대하고 풍채가 좋았다. 뭇 여성이 좋아하는 미남이었지만, 함부로 미혹되어 여색에 빠지지 않았다.

그 대신 높은 수련을 쌓아 주역에 밝은 경지에 이르러 큰일을 후세에 남겼던 것이다. 조선 선조 때의 사람이었다.

알아두기

토정비결-토정 이지함이 쓴, 1년 열두달의 신수를 판단하는 술서(術書)이다. 조선 후기부터 수백년간 정월이면 으레 《토정비결》로 그 해 신수를 알아보는 일은 조선 민간의 세시풍경이다. 그 내용은 기본적으로 주역의 괘로써 풀이한 것이지만 주역과는 많은 차이가 있다.

《토정비결》은 4언시구(四言詩句)로 이루어지고 그 밑에 한줄로 번역되어 읽기 쉽게 되었으며 다른 점서와 마찬가지로 비유와 상징적인 내용이 많다. "북쪽에서 목성을 가진 귀인이 와서 도와주리라" "꽃이 떨어지고 열매를 맺으니 귀한 아들을 낳으리라"는 희망적인 구절이 많고, 좋지 않은 내용도 "이 달은 실물수(失物數)가 있으니 잃어버리지 않도록 조심하라" "화재수가 있으니 불을 조심하라"는 식으로 되어 있어 경각심을 일깨워 주기 때문에 절망에 빠진 사람도 희망을 갖게 하고, 매사에 최선을 다하고 조심스럽게 생활을 하도록 독려한 것으로 평가된다.

聰明思睿라도 守之以愚하고
총 명 사 예　　수 지 이 우
功被天下라도 守之以讓하고
공 피 천 하　　수 지 이 양
勇力振世라도 守之以怯하고
용 력 진 세　　수 지 이 겁
富有四海라도 守之以謙이니라
부 유 사 해　　수 지 이 겸
〈孔子〉

총명하고 생각이 슬기로울지라도 어리석은 체함으로써 이를 지켜야 하고, 공적이 천하에 미쳐도 사양함으로써 이를 지켜야 하고, 부가 사해를 소유했다 하더라도 겸손으로써 이를 지켜야 한다. 〈공자〉

| 해설 |

공주병이니 왕자병이니 하는 것은 잘난 체하는 인간의 모습을 잘 나타내 주는 일종의 심리적 질병이다. 공자는 잘난 체하는 사람을 가장 싫어했다. 머리가 똑똑하다고 그것에 의지하지 않고, 크게 공을 세웠다고 그것을 떠벌이지 않으며, 부자가 되었다고 거들먹거리지 않는 사람을 사람다운 사람이라고 했던 것이다.

| 한자풀이 |

聰(총) : 총명하다. 듣다. 聰氣(총기)
守(수) : 지키다. 지조. 守備(수비)
讓(양) : 양보하다. 넘겨주다. 讓步(양보)
振(진) : 떨치다. 떨다. 振動(진동)

임치종이라 하면 구한말의 대표적인 부자였다.

가난한 사람을 도와주었고, 나라의 부실한 재정 형편을 알고는 선뜻 자신의 재산 일부를 내어놓았던 사람이었다.

그런 그에게 이런 일이 있었다.

하루는 금고에 넣어둔 은부치들을 마당에 꺼내어 놓고 그것을 햇볕에 쬐고 있었다.

닭들이 반짝이는 것을 보고 먹이인 줄 알고 주위에 모여들었다.

그 때에 솔개 한 마리가 날아들더니 닭 한 마리를 채어 갔다.

이 광경을 임치종이 목격했다.

이건 무엇을 암시하는 것일까?

문득 그런 생각이 들자 임치종은 문득 깨달음 같은 것이 가슴에 일어났다.

그동안 재산이 불면 불었지 줄어든 일은 없었다.

닭 한 마리가 없어진 것은 재산이 줄어든 것이다.

그렇다면?

재산이 가득하면 언젠가는 그것이 기울게 된다는 세상 이치를 깨닫게 하는 것일까?

거기까지 생각한 임치종은 자신이 무엇을 해야 할지를 알았다. 곧바로 서사를 불러 구술했다.

"지금부터 내가 말하는 대로 쓰고 행하라. 우선 내 재산의 목록을 작성하고, 그런 뒤 내 친지들 중 가난하고 어려운 자들에게 나눠줄 문서를 작성하기로 한다."

그는 자신이 작성한 대로 재물을 나누어 주기 시작했다.

그러자 주위에서 이상히 여겨 그 궁금함을 물었다.

임치종이 미련없이 대답했다.

"차며는 기우는 게 세상의 이치인 법이다. 그동안 차기만 했던 내 운서가 이제는 기우는 일만 남았다. 내가 지킨다고 해서 지켜질 재산도 아니고 내 자식들이 지킨다 해서 지켜질 수 있는 게 재물이 아니다. 그렇다면 내가 무엇을 해야겠는가?"

좋은 일에 재산이 쓰이도록 하는 게 자신이 해야 할 여생임을 알았다고 토로했던 것이다.

임치종이 생전에 자신의 뜻대로 하고 나자 죽음이 그를 불러갔다.

얼마 남지 않은 재산이라 그의 가족들도 점차 가난해져 사는 게 형편이 어렵게 되었다.

이것을 안 나라에서 임치종의 가족들을 돌보았다. 그것은 지난 날 임치종이 나라의 재정에 내어놓았던 돈의 일부였던 것이다.

施恩이어든 勿求報하고
시 은　　　물 구 보
與人이어든 勿追悔하라
여 인　　　물 추 회

〈素書〉

은혜를 베풀었거든 그 보답을 바라지 말고,
다른 사람에게 주었거든 뒤에 가서 뉘우치지 말라.

〈소서〉

| 해설 | 한 부자가 자신에게 빚을 진 10명을 불러다 모두 탕감해 준 일이 있다. 세월이 지나 그 은혜를 잊지 않고 찾아온 사람은 그 중 겨우 1명밖에 되지 않았다는 이야기다.

　사람은 은혜를 쉽게 잊거나 모른 체하는 성향이 있음을 말해 주는 일이다. 그래서 베풀었거든 잊어버리라고 한 것이다. 그렇다면 은혜를 잊지 않는 사람이야말로 가장 올바른 인간인 것이다.

| 한자풀이 |

　施(시) : 베풀다. 행하다. 施惠(시혜)
　報(보) : 갚다. 알리다. 報償(보상)
　與(여) : 주다. 동아리가 되다.
　追(추) : 쫓다. 따르다. 追跡(추적)
　悔(회) : 뉘우치다. 아깝게도. 후회. 悔恨(회한)

예화

　1795년, 지금의 제주도 탐라에는 심한 기근이 들었다. 초근 목피로도 연명할 수 없어 죽어가는 백성이 속출했다.

　정조 임금이 식량을 내려보내 구제하려고 했지만, 한양에서 탐라에까지 실어 나르는 기간이 결코 짧지 않았다. 때에 맞춰 식량을 수송할 수 없게 되자 한 여인이 나서서 천금의 돈을 쾌척해 가까운 육지에서 쌀을 사오게 했다.

　어려서 부모를 잃은 그녀는 의지할 데 없자 기녀의 양딸로 들어가 살았다. 성장한 뒤에는 관청의 기생 명부에 이름을 올려 기생이 되었다.

　그런데 그녀는 기생의 신분을 부끄러워하지 않고 오히려 당당히 사내를 다루었는가 하며 재물도 모았다. 그녀는 나이 스물을 지나자 관청에 찾아가 자신이 본래 양민의 딸이었음을 밝히고 기생명부에서 몸을 빼는 당돌함을 보이기까지 했다.

　이후 그녀는 크게 사업을 벌여 탐라의 여재벌이 되었다. 불우한 사람들을 돕는데 돈을 아끼지 않는 여장부였다.

　이런 그녀가 극심한 기근에 재물을 내어놓아 육지에서 쌀을 사들여 굶어 죽는 탐라의 백성들을 살려냈다.

　그녀는 조건 없이 재물을 내어놓았으며, 더구나 그런 덕행으로 생색을 내거나 하지 않았다.

　탐라의 고통 받던 수많은 사람들이 굶주림에서 벗어나게 되자 그녀를 칭송해 마지않았다.

　"참으로 장한 여자다. 남자도 못할 일을 한 여인이 했다."

　그녀의 이름은 만덕, 조선시대의 훌륭한 여인의 한 사람으로 꼽히고 있다.

懼法朝朝樂이오 欺公日日憂니라
구 법 조 조 락　　기 공 일 일 우

〈孫思邈〉

법을 두려워하면 언제나 즐거울 것이요,
공사(公事)를 속이면 날마다 근심될 것이다.

〈손사막〉

| 해설 |

　법을 두려워하라는 것은 겁을 먹으라는 것이 아니다. 상대적으로 불법을 경계하며 악행을 멀리하라는 것이 그 속뜻이다.
　공과 사를 엄격히 구별하라는 것도 마찬가지다. 공직에 있으면서 사사로운 욕심을 품고 부정부패를 저질러 패가망신하는 사람이 많음을 경계한 것이다.
　무엇을 즐거워하고 무엇을 근심할 것인가의 대상을 분명히 말해 주고 있다.

| 한자풀이 |

懼(구) : 두려워하다. 근심. 걱정. 疑懼(의구)
法(법) : 법. 예의. 도리. 모범. 모형. 法律(법률)
朝(조) : 아침. 시작의 때. 왕조. 朝野(조야)
欺(기) : 속이다. 거짓. 欺滿(기만)
日(일) : 해. 해의 움직임

예화

신라 진평왕 때 극심한 흉년이 들어 굶주리는 백성이 많았다. 심지어 먹을 것이 없어 죽는 사람들도 속출했다.

그러나 궁궐은 달랐다. 곡식창고에는 식량이 있었다.

이곳을 지키는 사람으로 검군은 아주 정직해 법을 어길 줄 몰랐다.

하지만 때가 때인지라 검군에게 접근해 오는 유혹이 너무도 많았다.

"이보게, 눈앞에 곡식이 쌓인 걸 보고도 굶주릴 수 없잖은가. 조금만 빼돌리게."

그럴 때마다 검군의 대답은 하나였다.

"못하네. 법을 어겨 가며 빼돌릴 수 없네."

그렇게 말하는 검군은 자신이 얼마나 어려운 직책을 맡고 있는가를 알았다.

이따금 친구에게 속사정을 털어놓을 때도 있었다.

"부탁을 들어주지 못하니 괴롭기 그지없네. 그러나 공과 사를 구별하지 못하면 근심이 들게 될 걸세. 차라리 법을 두려워하는 것이 더 나은 것이라 여기는 것일세."

검군은 죽음에 이른다 해도 법을 지키는 게 더 옳다는 마음이었다. 그런 자신에게 어떤 위험이 닥칠지도 알았다.

어느 날, 그날도 법을 지키며 하루를 보내고 집으로 돌아가는 길이었다.

어둑한 골목에서 알만한 얼굴의 친구들이 그에게 다가와 말을 걸었다.

"좀 보자구."

검군은 예상한 일이 일어나고 있다고 생각하며 피하지 않기로 했다.

그들이 자기를 죽이려 한다는 것을 눈치 챘던 것이다.

"그러세. 어디 가서 술 한 잔 하며 얘기하세."

마음은 이미 그들 손에 죽지 않기로 작정하고 있었다.

주막에 앉자,

"자네들 청을 들어주지 못해 미안하네."

그런 뒤 검군은 몰래 술잔에 독약을 타 스스로 목숨을 끊었다. 법을 지키기를 아까워하지 않았던 것이다.

인물

손사막(孫思邈) : 당나라 때의 명의. 벼슬을 마다하고 태백산에 들어가 수도함. 의학책 천금방(千金方) 30권을 저술한 사람이다.

守口如瓶하고 防意如城하라
수구여병   방의여성

〈朱文公〉

입을 지키기를 병과 같이 하고,
뜻을 막기를 성 같이 하라.

〈주문공〉

| 해설 |

작심삼일이라는 말이 떠오르지 않는가?
한번 세운 뜻을 끝까지 지켜가겠다고 하지만 며칠을 가지 못하는 게 사람의 모습이다.
끝까지 인내하고 뜻을 이뤄나가는 사람이 세상에서 성공한다. 성공에 이르는 길은 분명하게 있는데, 몰라서 그러는 것이 아니라, 목표에 이를 때까지 해내지 못하기 때문이다.
인간의 약점을 극복하고 잘 처신하는 사람이 성공적인 일생을 살아갈 수 있다는 것을 일러주는 말임을 잊지 말자.

| 한자풀이 |

守(수) : 지키다. 직무. 직책. 지조. 守備(수비)
瓶(병) : 병. 항아리. 시루
防(방) : 막다. 덮다. 가리다. 防禦(방어)
如(여) : 같다. 따르다
城(성) : 성. 나라. 도읍. 성을 쌓다. 城郭(성곽)

예화

시의 제목이 설시(舌詩)인 내용은 다음과 같다

입은 재앙의 문이요
혀라는 것은 몸을 자르는 칼이다.
입을 닫고 혀를 깊게 감춘다면
가는 곳마다 몸이 편안하리라.

이 시를 지은 풍도(馮道)라는 사람은 당나라 말기에 태어나 오대(五代)에 걸친 여러 왕조에서 벼슬을 했다. 당시는 세태가 혼란했다. 정치 또한 격변하던 때에 그가 여러 대에 걸쳐 중책을 지낼 수 있었던 것은 남다른 처신 때문이었을 것이다.
  그가 남긴 이 시에서 자신의 처세술이 입과 혀에 있음을 잘 대변해 주고 있다.
  굳이 난세가 아니라도 평소 입을 함부로 놀리다가 화를 자초하는 일이 비일비재하다.
  몸의 크기에 비해 작기 그지없는 입 하나가 불러오는 위력을 일찍이 깨닫는 사람은 가는 곳마다 몸이 편안할 것이다.

인물

주문공(朱文公) : 1130~1200. 남송의 대학자. 이름은 희(熹). 호는 회암(晦菴). 문공(文公)은 시호. 성리학을 세운 사람으로 흔히 주자(朱子)로 불리고 있다.

心不負人이면 面無慙色이니라
심 불 부 인   면 무 참 색

〈朱文公〉

마음에 남을 저버리지 않으면
얼굴에 부끄러운 기색이 없다

〈주문공〉

| 해설 | 사람의 심리상태를 가장 잘 나타내는 것이 얼굴이잖는가! 당황하거나 부끄러워지면 벌겋게 달아오르고, 뭔가를 속이거나 불안해 할 때 그 눈빛에 가장 먼저 나타난다.
누군가를 저버리거나 배신하는 행위는 선한 것의 반대쪽 행위임으로 이런 인간으로 살지 말 것을 강조하고 있다. 배신자가 되지 말라! 남을 속이지 말라! 남을 의심하지 말라! |

| 한자풀이 |

負(부) : 책임을 지다. 빚을 지다. 負債(부채)
面(면) : 낯. 표면. 面相(면상)
慙(참) : 부끄러워하다. 수치.
色(색) : 빛. 빛깔. 얼굴빛. 색채. 윤. 광택. 모양. 상태. 여색. 정욕. 色彩(색채)

예화

도끼를 잃어버린 사람이 그걸 찾느라 마음이 편치 않았다. 아무래도 이웃집 아이가 수상쩍어 보였다.

"임마, 네가 가져갔지?"

물어보면 될 것인데 머뭇거렸다.

길에서 마주칠 때 보면 거동도 수상해 보였고, 안색이나 말투도 훔쳐 간 녀석의 태도로 보였다.

"모든 걸 보아도 저 놈이 도끼를 훔쳐 갔어."

내일이면 불러내 따지려다가 뒷산 골짜기에 갔다가 그곳에서 잃어버린 도끼를 발견했다.

지난번에 나무를 하고는 그만 거기에 두고 깜빡 잊고 왔던 것이다.

다음 날 길에서 이웃집 아이를 마주쳤다.

"이젠 도둑놈으로 보이지 않잖아?"

다시 보아도 아이의 거동이나 얼굴색에 수상쩍은 데가 하나도 없어 보였다.

그렇다. 이웃집 아이가 달라진 것이 아니다. 자신이 달라진 것이기 때문이다.

사람은 남의 이야기를 들으면서 억단(臆斷)하는 경향이 있다. 억단은 자신의 생각에 따라 남의 말을 판단하기 때문에 일어나는 것이다.

그것은 마치 동쪽을 향해 앉아 있는 사람에게 서쪽의 담장이 보이지 않는 것과 같다.

心安茅屋穩이오 性定菜羹香이니라
심 안 모 옥 온   성 정 채 갱 향

〈益智書〉

마음이 편안하면 초가집도 안온하고,
성품이 안정되면 나물국도 향기롭다.

〈익지서〉

| 해설 |

'안빈낙도(安貧樂道)'라는 말을 떠올릴 수 있다. 이 한 마디 말은 우리나라의 선조들이 즐겨 쓰던 말이다.
　아무리 가난해도 근심이 없으며, 자연과 벗하며 그 가운데서 행복을 누리는 삶이었다.
　오늘날의 가난은 상대적 가난으로 의식주가 해결되지 않아서가 아니라 남보다 더 잘 살지 못하는 것에 대한 불행한 가난을 말한다.
　가난하게 살라는 것이 아니라, 진정한 삶의 행복이 어디에 있는가를 꿰뚫어보라는 것이다.

| 한자풀이 |

茅(모) : 띠. 띠로 이은 집. 茅屋(모옥)
穩(온) : 평온하다. 곡식을 걷어 모으다. 平穩(평온)
菜(채) : 나물. 푸성귀. 菜蔬(채소)
羹(갱) : 국. 땅이름
香(향) : 향기. 향기롭다. 香臭(향취)

예화

황희 정승에게는 감동적인 일화가 많다. 그는 늘 마음의 평안을 위해 작은 일에도 공평을 기했다.

하루는 두 여자 종이 그의 앞으로 달려왔다. 크게 싸운 모양이었다. 씨근벌떡 숨 가빠했다.

"웬 일로 그러느냐? 숨 좀 가라앉히고 말을 해라."

황희는 먼저 두 여종을 다독거렸다. 그러나 두 여종은 그의 앞에서도 다투기를 그치지 않았다.

한 쪽 여종의 말을 다 들은 황희는 대답해 주었다.

"네 말이 옳다."

다른 쪽 여종이 아니라고 눈물을 뚝뚝 흘리며 항변했다.

"그렇구나. 네 말도 옳다."

두 여종은 서로 마주 얼굴을 보았고, 황희 곁에 있던 그의 아내가 어이없어 타박했다.

"대감, 딱하시기도 합니다. 한쪽이 오르면 다른 쪽이 틀린 것인데, 둘 다 옳다 하니 그런 경우가 없지요."

황희는 그 아내를 바라보며 대답했다.

"당신 말도 옳구려."

아내는 무슨 말을 해야 할지 몰랐다.

"내 말 좀 들어보오. 내가 어느 한 쪽이 잘못되었다고 하면 이 일이 해결될 것 같소?"

문제 해결을 한쪽으로 치우치지 않고 살아간 황희는 정승에 올라서도 검소했다. 초가집을 마다하지 않았고, 나물국의 식사도 즐겨 하며 살아간 삶의 모습이 바로 이러한 것이다.

以愛妻子之心으로
이 애 처 자 지 심
事親則曲盡其孝니라
사 친 즉 곡 진 기 효

〈景行錄〉

처자를 사랑하는 마음으로써 부모님을 섬긴다면
그 효도를 극진히 할 수가 있다.

〈경행록〉

| 해설 | 자식이 시집 장가가고 나면 제 배우자밖에 챙길 줄 몰라 부모가 섭섭해 한다.
  이러한 인간의 심성을 잘 표현해 준 말로, 자식 10명보다 악처 1명이 더 낫다 라는 속담이 있다.
  부모 섬기기를 처자를 돌보는 마음으로 한다면 바로 이것이 극진한 효도라고 가르치고 있다.
  또 부모를 극진히 섬기는 사람이 처자를 진정으로 사랑하며 돌보지 않는 사람이 있겠는가!

| 한자풀이 |
愛(애) : 사랑. 사랑하다. 愛情(애정)
妻(처) : 아내. 시집보내다. 妻家(처가)
曲(곡) : 굽다. 휘다. 굽히다. 사악하다. 曲解(곡해)
盡(진) : 다되다. 비다. 줄다. 없어지다. 盡力(진력)
孝(효) : 효도. 孝子(효자)

"어쩔 수 없지. 부모는 다시 얻을 수 없어. 자식이야 또 낳으면 되는 일이지만."

이렇게 중얼거리던 곽거(郭巨)는 구덩이를 파기 시작했다. 거기에다 자식을 묻을 셈이었다. 그는 너무도 가난했다. 노모와 아내, 그리고 세 살 난 자식을 먹여 살리기조차 어려웠다.

며칠 전만 해도 노모는,

"아이가 굶으면 안 된다. 이걸 먹이도록 해라."

자신의 밥을 아이에게 주었던 것이다. 곽거는 노모가 굶고 아이가 그것을 대신 먹어야 하는 가난 앞에서 절망했다.

"그래, 차라리 아이를 죽이자."

그런 마음이 서자 할 수 있을 것 같았다.

그래서 구덩이를 파기 시작했던 것이다. 삽을 들 때부터 고인 눈물이었다. 이제 거의 다 파 가는 구덩이의 아가리를 보자 주르륵 하고 눈물이 쏟아졌다. 아무리 아픈 마음이라도 중단할 수 없었다.

늙은 어머니를 포기할 수 없었다. 아이를 죽임으로 어머니가 조금 더 살아계셔야 한다. 이것이 곽거의 마음이었다.

그는 삽을 들어 마지막으로 땅에 박았다. 둔탁한 소리가 나며 삽끝에서 이상한 소리가 났다.

곽거는 조심스럽게 삽으로 흙을 긁어 보았다. 놀랍게도 금으로 된 커다란 솥 하나가 거기에 나타났다.

후한(後漢)시대에 살았던 곽거는 아이를 생매장하지 않아도 되었다.

爾謀不臧이면 悔之何及이며
이 모 불 장　　회 지 하 급
爾見不長이면 敎之何益이리오
이 견 불 장　　교 지 하 익
利心專則背道요 私意確則滅公이니라
이 심 전 즉 배 도　사 의 확 즉 멸 공
〈景行錄〉

너의 꾀가 착하지 못하면 이를 뉘우친들 어찌 미칠 수 있으며 너의 소견이 훌륭하지 못하면 이를 가르친들 무슨 이익이 있으리요. 오직 자신의 이익만 생각한다면 도를 배반하게 될 것이요, 사사로운 의견이 확고하면 공사(公事)를 망치게 된다. 〈경행록〉

| 해설 |

계획하고 꿈꾸는 삶의 목적에는 선한 마음이 깃들어야 한다. 그렇지 못하면 제아무리 똑똑하고 큰일을 한다고 해도 해악을 끼치게 된다.

목표를 위해서 수단방법을 가리지 않는 것은 얼핏 보기에 추진력이 있어 보이지만, 결국 사고덩어리를 만들고 만다. 자신의 이익만을 위해서 물불을 가리지 않았기 때문이다.

| 한자풀이 |

爾(이) : 너. 그. 이
謀(모) : 꾀. 계획하다. 謀事(모사)
及(급) : 미치다. 이르다. 過不及(과불급)
敎(교) : 가르침. 하여금. 敎育(교육)
滅(멸) : 없어지다. 멸하다. 滅亡(멸망)

퇴계 선생에게는 안도라는 손자가 있었다.

그가 벼슬을 하여 한양에 가 있게 되었다. 때마침 자식을 얻었다. 그런데 유모 문제로 바람직하지 않은 일이 들려와 퇴계가 손자를 불렀다.

"유모를 데려가겠다면서?"

"네."

"유모도 아이를 낳은 지 얼마 되지 않았는데 떼어놓고 데려가겠다면서?"

"그렇습니다."

퇴계가 잠시 손자를 지긋이 바라보다가 말했다.

"남의 자식을 죽여서 자기 자식을 살리는 것은 옳지 않다고 선인들이 말해 왔다."

손자가 말문을 열지 못했다.

"유모의 아기도 데려가라. 네 아이와 함께 기르는 게 더 옳은 일이다. 네 자신의 이익만을 생각하지 말라는 뜻이다."

이렇게 사람의 꾀, 사사로운 생각이 합당하지 않음을 퇴계는 손자에게 가르쳤던 것이다.

경계해야 할 성품에 대한 글들을 모았다.
인간의 욕망을 이루고 있은 성품을
이성을 통해서 경계하고 다스려야 한다.
몸과 마음이라는 것은
이 성품에 의해 움직이게 됨으로
이를 바르게 할 것을 가르치고 있다.

계성편

戒 性 篇

人生이 如水하여 水一傾則不可復이오
인생   여수   수일 경즉 불가복
性一縱則不可反이니
성일 종즉 불가반
制水者는 必以堤防하고
제수자   필이 제방
制性者는 必以禮法이니라
제성자   필이 예법
〈景行錄〉

사람의 성품은 물과 같으니, 물은 한번 기울어지면 다시 회복할 수가 없고 성품은 한번 방종해지면 돌이킬 수가 없다. 물을 제어하고자 하는 사람은 반드시 둑으로써 하여야 하고 성품을 제어하고자 하는 사람은 반드시 예법으로써 하여야 한다. 〈경행록〉

| 해 설 | '세 살 버릇이 여든 간다'는 속담을 곰곰이 생각해 볼 일이다. 이를테면 자동차운전은 자기 성품대로 하는 것이 아니라, 배울 때 어떻게 배웠느냐에 따른 습관으로 운전을 한다고 한다. 나이 들어 주도를 배울 때도 어른에게서 바로 배워야 술버릇이 나쁘게 되지 않는다는 것도 상기해 볼 일이다. 인간도 성품을 바로 세워야 인간다워진다.

| 한자풀이 |
傾(경) : 기울다. 뒤집히다. 눕다
復(복) : 돌아오다. 뒤집다. 復歸(복귀)
制(제) : 다스리다. 만들다. 制御(제어)
堤(제) : 방죽. 막다. 堤防(제방)

 예화

　낚시광의 대명사로 불리는 강태공(姜太公)은 공부를 열심히 한 사람이었다.
　그는 젊은 시절 결혼하고서도 공부에만 전념했다. 일을 하지 않으니 궁핍한 살림을 면할 수 없었고, 아내 마씨 부인은 견디지 못하고 친정으로 돌아갔다.
　강태공은 때를 기다리며 낚시로 세월을 보내다가 주나라 문왕을 만났다. 문왕은 그를 제나라 땅의 제후로 앉혔다. 이 소식을 들은 마씨 부인이 강태공에게 되돌아와 아내로 맞아줄 것을 청했다.
　강태공은 자리에서 일어서더니 그릇에 물을 가득 담아와 그것을 마당에 부었다.
　무슨 일인가 하고 의아해 하는 부인을 향해 강태공은,
　"내가 마당에 쏟은 물을 다시 그릇에 담아 보시오."
　빈 그릇을 건네어 주었다.
　잠시 후 부인이 담아 온 것은 물을 잔뜩 먹은 진흙뿐이었다.
　강태공이 그것을 가리키며,
　"이와 같이 엎질러진 물은 다시 담을 수 없소이다(覆水不收). 헤어진 부부가 다시 합치기는 어려운 것이오."
　이런 말로 자신의 뜻을 표명했다.
　마씨 부인은 더 이상 애원하기를 그만두고 떠났다.

得忍且忍이오 得戒且戒하라 不忍不戒면
득 인 차 인   득 계 차 계   불 인 불 계
小事成大니라
소 사 성 대

〈景行錄〉

능히 참고 또 참으며 능히 경계하라. 참지 못하고 경계하지 못하면 작은 일이 크게 된다.

〈경행록〉

| 해설 |

바늘도둑이 소도둑이 되는 것이다. 작은 것을 우습게 보다가 일이 커지는 게 세상의 모습이다.
인내심이 어떻게 발휘되었느냐에 따라 사건의 크고 작음이 달라진다. 아무 것도 아닌 일을 자기 성질을 참지 못하고 해대는 바람에 낭패를 보는 일이 얼마나 많던가!
참고 참아야 하는 인내심이 자존심 상하게 하는 것처럼 여겨질지 모른다. 그러나 진정한 자존심을 지켜가려면 인내하고 참아야 그 진가가 나타난다.

| 한자풀이 |

忍(인) : 참다. 동정심이 없다. 忍耐(인내)
且(차) : 또. 잠깐. 장차. 重且大(중차대)
戒(계) : 경계하다. 조심하고 주의하다. 戒律(계율)
成(성) : 이루다. 정하여지다. 成事(성사)

예화

윤회는 오랜만에 고향을 찾아가고 있었다.

어느 새 날이 저물어 어딘가에 하룻밤 묵고 가야 했다. 그래서 한 여인숙을 찾아들었다. 그런데 투숙을 받아 주지 않았다.

"허어, 거참 이상한 일이다."

그렇게 중얼거리며 여인숙 마당가에서 머뭇거리고 있었다. 그 때에 주인집 아이가 제법 큼직한 진주 하나를 들고 나와 가지고 놀고 있었다. 그러다가 그걸 땅에 떨어뜨리고 달았다.

마침 거위 한 마리가 곁에 있다가 달려들어 삼켜 버렸다.

이 일이 뜻밖에 불똥이 되어 윤회에게 튀었다.

진주를 찾던 주인이 잃어버린 줄 알고, 윤회를 의심하게 되었던 것이다.

"자네가 훔쳤지?"

윤회가 아니라고 해도 소용없는 일이었다.

주인은 윤회를 묶어 놓았다.

날이 새면 관가에 알려 문초하기로 했다. 그러자 윤회의 머릿속으로 지나가는 생각 하나가 있었다.

"저 거위를 묶어 내 곁에 함께 있게 해 주십시오."

주인은 어이 없다는 표정을 지었다. 아침이 되었다.

"주인, 거위의 항문에서 뭐가 나오는지 잘 보아두십시오."

아닌 게 아니라 거위가 진주를 뒤로 내놓은 게 아닌가.

주인은 거위를 왜 묶어 곁에 두라고 했는지 이유를 알았다.

"미안하오. 그런 줄도 모르고."

"괜찮습니다."

"하지만, 왜 진작 말하지 않았습니까?"

"어제 내가 말을 했다면 어떻게 하셨겠습니까? 그 자리에서 거위를 잡아 죽여 배를 갈랐을 것이 아닙니까? 그렇게 하면 진주를 금방 찾을 수는 있었겠지요. 내 비록 욕됨을 잠시 참았던 것 뿐입니다."

주인은 참지 못하고 경계하지 못하면 작은 일이 크게 된다는 것을 새삼 깨달았던 것이다.

알아두기

한자(漢字)-주변의 여러 민족에게도 채택된 표어문자(表語文字)로, 한국·일본·베트남 등에서 사용하고 있으며, 서하문자(西夏文字)·거란[契丹]문자·여진(女眞)문자 등에도 크게 영향을 미쳤다. 한자의 발생은 약 5000년 전, 전설시대인 3황5제(三皇五帝) 때, 가공의 인물인 황제(黃帝)의 사관(史官) 창힐이 새와 짐승들의 발자국을 보고 창안하였다는 설이 있으나 믿을 만한 근거가 희박하다.

실존하는 자료로서 가장 오래된 문자는 1903년 은허(殷墟)에서 출토된 은대(殷代)의 갑골문자(甲骨文字)가 있다. BC 14세기~BC 12세기에 사용된 것으로 추정되는 이 문자는 당시의 중대사(重大事)를 거북의 등이나 짐승 뼈에 새겨 놓은 실용적인 것이었다.

그 후 주(周)나라 선왕(宣王) 때 태사(太史) 사주(史)가 주문[大篆]을 만들었고, 춘추전국시대에는 각국에서 이체(異體)가 쓰이다가 진(秦)나라의 승상(丞相) 이사(李斯)가 주문을 개량하여 소전(小篆)을 만들어 문자를 통일하였다.

屈己者는 能處重하고
굴 기 자   능 처 중
好勝者는 必遇敵이니라
호 승 자   필 우 적

〈景行錄〉

자신을 굽히는 자는 능히 중요한 위치에 있게 되고, 이기기를 좋아하는 자는 반드시 적을 만난다.

〈경행록〉

| 해설 |

지는 것이 이기는 것이다, 라고 하는 말의 반어적 의미는 얼핏 보아 틀려 보인다. 그러나 이를 실천해 본 사람은 이것의 진리를 맛본 사람이다. 강한 것 같은 대나무는 쪼개지기 쉽다. 이기기를 바라는 사람은 적만이 만나는 게 아니라 사람들이 상대하기를 꺼려해 고립되게 된다.

남과 더불어 살아가야 하는 게 세상인데, 그렇지 못한 사람을 타인이 좋아할 리 없다.

| 한자풀이 |

屈(굴) : 굽히다. 물러나다. 屈從(굴종)
能(능) : 능하다. 잘하다. 能熟(능숙)
處(처) : 살다. 묵다. 居處(거처)
遇(우) : 만나다. 뜻이 합치하다. 遭遇(조우)
敵(적) : 원수. 상대방. 맞서다. 敵陣(적진)

예화

　모기가 감히 사자에게 덤벼들고 있었다.
　"네까짓게 무서울 줄 알아? 난 너를 이길 수 있어."
　사자는 어이없어 상대하는 것조차 귀찮았다. 그래서 사자는 흐흥 하고 콧김을 불었을 뿐이었다. 그러나 모기는 더욱 까불어 대었다. 사자의 코앞으로 바싹 날아가 쏘아붙였다.
　"넌 내게 그 무서운 발톱으로 할퀴려고 할 테지. 그리고 송곳니로 날 먹어치우려고 할 테지. 그래, 어디 해봐."
　모기는 휘익 사자에게 날아들더니 콧구멍 위를 선회했다. 그리고 거센 콧김이 뿜어져 나오는 그 위를 향해 돌진했다. 콧구멍 주위를 물어뜯긴 사자는 앞발을 들어 모기를 막았다.
　사자는 지쳤다. 계속 공격하는 모기를 막다 보니 자기 발톱으로 콧등에 상처를 내기 일쑤였다. 모기는 의기양양했다.
　"내 말이 맞지? 넌 나를 이길 수 없는 거야. 아무리 등치가 크고, 동물의 왕자라고 해도 말이야."
　콧노래를 부르며 모기는 사자 곁을 떠났다.
　"난 사자를 이겼어. 대단한 놈이지. 안 그래?"
　잔뜩 기분이 좋아진 모기는 으스대며 숲속으로 날아갔다. 그러나 잠시 후, 모기는 비명을 질렀다. 눈 깜짝할 사이에 거미줄에 걸리고 말았다. 모기는 꼼짝없이 탄식했다.
　"내가 사자에게 이기겠다고 큰 소리 치지만 않았더라면."
　어느새 모기는 거미의 입에 아삭아삭 몸이 찢기고 있었다.
　이상은 이솝우화에 나오는 이야기이다.

凡事(범사)에 留人情(유인정)이면
後來(후래)에 好相見(호상견)이니라

〈景行錄〉

모든 일에 인정을 남기면 뒷날 서로 보기가 좋다.

〈경행록〉

| 해설 |

인정이 메말라 간다는 말은 무슨 뜻일까? 서로 나누고 아끼는 마음이 점차 사라져간다는 말로도 해석될 수 있을 것이다.

오래전 친지를 떠올리게 될 때 마음을 주고받고 서로 아끼던 사람이 유난히 그리워지는 것도 바로 서로의 사이에 인정이 흘렀기 때문이다.

기억하고 싶지 않는 사람은 인정이 없었던 사람임을 우리 마음이 잘 알고 있는 것이다.

그러므로 인정은 인간관계를 오래 지속케 하고 서로를 따뜻하게 하는 힘이다.

| 한자풀이 |

凡(범) : 무릇. 모두. 다
留(유) : 머무르다. 기다리다. 留宿(유숙)
相(상) : 서로. 바탕. 相異(상이)
見(견) : 보다. 눈으로 보다. 생각해 보다. 변별하다. 소견. 생각. 見解(견해)

예화

세종 때의 정승 맹사성(孟思誠)은 인정 많은 재상이었다.

생활에서도 검소해 여행을 다녀도 점심을 갖고 다니기 일쑤였다.

한번은 고향집에 갔다가 한양으로 돌아가는 길이었다.

어느 주막에서 잠시 쉬었다 가게 되었다.

잠시 후, 주막 안으로 비단옷 차림의 젊은이가 들어와 그의 옆자리에 앉았다.

맹사성의 차림은 화려한 데가 없어 농부 티가 났다. 때가 점심 무렵이라 젊은이는 맹사성을 향해,

"어르신, 점심이나 같이 먹읍시다."

인정있는 태도를 보였다.

젊은이는 그가 좌의정 맹사성인 줄 꿈에도 알 리 없었다.

그도 그럴 것이 노인이 베주머니를 펼쳐 점심을 내놓았는데 꽁보리밥이었다.

"그걸 어찌 잡수십니까? 제가 밥을 사지요."

그렇게 말하며 젊은이는 자신의 밥상을 맹사성 앞으로 내밀었다.

맹사성이 젊은이와 점심을 먹으면서 관찰해 보니 성품이 괜찮아 보였다.

부자집 자제이면서도 인정이 있는 모습이었다.

장래에 큰 인물감이라 생각하면서 점심을 마쳤다.

이윽고 맹사성과 젊은이는 '공당놀이'를 하게 되었다.

"무엇하러 한양 가는공?"

"과거보러 간당."

"벼슬해서 무엇을 하려는공?"
"나랏일을 보련당."
"나랏일을 왜 보려는공?"
"백성을 위해 보련당?"
며칠 뒤, 젊은이가 과거시험의 관문을 통과해 마지막 구술 시험장에 나왔다.
시험관 앞으로 젊은이가 나갔다.
젊은이는 고개를 숙여 물음을 기다리고 있었다.
질문이 나왔다.
"여기서 또 만나토는공?"
질문이 '공당놀이'인데 놀라기도 했지만 어디서 듣던 음성이었다. 가슴이 떨렸다.
고개를 들고 보니 바로 그 노인이었다. 그 노인이 구술 시험관이고 그 유명한 멍사성 재상이었다.
"죽을죄를 지었습니다."
젊은이는 주막에서의 무례를 사죄했다.
"아니다. 젊은이는 그때에 죽을죄를 지은 게 아니다."
맹사성은 주막에서 이미 젊은이의 성품을 보아 알고 있었다. 이제 그의 구술 문제는 하나 남았을 뿐이다.
"어떤 마음가짐으르 벼슬을 하겠는공?"
"이 목숨 바쳐 일하겠슴당."
과거에 급제한 젊은이는 스스로 맹사성의 가르침을 이어 받았다. 그리고 '공당늘이' 때의 대답대로 목숨을 바쳐 나랏일을 했다.

부지런히 배워야 한다는 것에
대한 글들을 모았다.
왜 배워야 하며, 먼저 뜻을 세워야
배우는 사람이 될 수 있으며
목적에 이를 수 있다고
가르치고 있다.

근학편

―

勤 學 篇

博學而篤志하고 切問而近思면
박 학 이 독 지   절 문 이 근 사
仁在其中矣니라
인 재 기 중 의

〈孔子〉

널리 배워서 뜻을 돈독하게 하고
간절히 물어서 깊이 생각하면 어짐이 그 속에 있다.

〈공자〉

| 해설 | 배우지 않고는 생각도 깊을 수 없다. 생각이 깊어지면 물음이 깊어지고, 그 깊은 물음 속에서 진리가 반짝인다.
　평범한 것이라도 의문을 갖고 뒤집어 보면 새로운 발상을 얻을 수 있다.
　튀는 아이디어, 깜짝 놀라게 할 만한 기획들은 그것에 대해 질문해 보는 마음에서 생겨난다. 지식이나 사물은 다양한 속성과 의미가 있으므로 단순의식보다 깊은 사고를 거쳐야 그것의 본질을 선명하게 얻을 수 있는 법이다.

| 한자풀이 |
博(박) : 넓다. 평평함. 博識(박식)
篤(독) : 도탑다. 신실하다. 篤實(독실)
切(절) : 끊다. 간절하다. 懇切(간절)
思(사) : 생각하다. 생각. 뜻. 마음. 思考(사고)
仁(인) : 어질다. 자애. 仁術(인술)

예화

　조선 중종 때의 인물 박영에 관한 이야기이다. 그는 뛰어난 신하로 존경을 받았는데 늘 배움을 소홀히 하지 않았다.
　무예에 남달리 뛰어났었다. 하지만 무예에만 뛰어나서는 안 된다는 것도 깨달았다.
　벼슬을 하게 되어 한양에 갈 때였다. 하룻밤 여인숙에 묵고 있던 그날 밤, 밖에 사람들의 뛰는 발자국 소리가 엉키며 요란했다. 도둑들이 상인들을 습격한 것이었다.
　박영이 이를 알았다. 그는 지대가 높은 곳으로 갔다. 그 위에서 화살을 날리기 시작했다. 화살 날아가는 소리는 마치 하늘에서 쏟아져 내리는 것처럼 날카로운 소리를 내며 도둑들 머리 위에 울려 퍼졌다. 도둑 떼는 놀랐다.
　"화살이 비 오듯 하잖아. 안 되겠다."
　뿔뿔이 흩어져 사라져 버렸다.
　그런 무예의 솜씨를 가진 박영이었는데 하루는 충격적인 말을 들었다.
　"무예에 뛰어난 건 좋지만 그건 용감한 장부에 불과하다. 글을 배우지 않고는 진정한 군자가 될 수 없다."
　박영은 그 길로 뜻을 세워 책을 가까이 하며 학문에 전념했다. 여러 해, 두문불출하며 정진한 끝에 많은 것을 배웠다. 뒷날 그는 제자들을 가르치기도 했다. 무예와 학문에 다 깊이를 얻은 박영이라 그의 아래서 배운 자들은 공경하고 따랐다.
　박영은 양녕대군의 외손자로 여섯 형제간에도 우애가 깊었다고 한다.

人之不學은 如登天而無術하고
인 지 불 학　　여 등 천 이 무 술
學而智遠이면 如披祥雲而覩靑天하고
학 이 지 원　　여 피 상 운 이 도 청 천
登高山而望四海니라
등 고 산 이 망 사 해

〈莊子〉

사람이 배우지 않으면 아무 기술도 없이
하늘에 오르려는 것과 같고, 배워서 지식이 넓어지면
상운을 헤치고 청천을 보는 것과 같고,
높은 산에 올라가 사해를 바라보는 것과 같다. 〈장자〉

| 해 설 |

한 때 유행했던 말에, "배워서 남 주나"가 휩쓴 적이 있다. 배움에 대한 갈망을 통해서 인간이 인간다워지고 좋은 삶을 살 수 있는 것이다. 그래서 자주 하게 되고 듣는 말이,
 '죽을 때까지 배워라. 늘 책과 가까이 지내라.'
라고 하는 것이다.
 사람으로 태어나서 일생을 살아가는 바른 길은 죽는 날까지 배움으로써 자기를 다듬는 데에 있는 것이다.

| 한자풀이 |

　　登(등) : 오르다. 타다. 登頂(등정)
　　術(술) : 수단. 방법. 규칙. 術數(술수)
　　祥(상) : 상서롭다. 복. 좋다. 祥瑞(상서)
　　覩(도) : 보다
　　高(고) : 높다. 높아지다. 뽐내다. 高等(고등)

조선 인조 때.

그날은 조위한이 홍문관에서 숙직을 하는 날이었다.

한 선비가 그의 곁에서 책을 읽다가 말고,

"공부란 도대체 무언가? 책을 덮고 나면 잊고 마니 이렇게 배운다 한들 뭐에 쓰겠는가!"

탄식을 하는 것이었다.

이 말을 조위한이 들었다.

"듣자 하니 타일러 주고 싶군."

선비는 두슨 말인가 하고 귀를 기울였다.

"예를 들자면 사람이 먹는 음식도 뱃속에 머물러 있지는 않네. 밖으로 나간다 말일세. 그렇긴 하지만 음식의 좋은 기운은 사람의 몸에 남아 기름지게 해 주지.

이와 마찬가지로 책을 읽는 것도 같다네. 보고 나서 잊어버린다고 해서 쓸모없는 게 아니지. 사람이 알지 못하는 사이에 읽은 책이 기름지게 해 주는 걸세.

말하자면 기억할 수 없다고 해서 책을 버려서 안 된다는 것이지.

이를테면 재주도 없이 어떻게 하늘에 오를 수가 있겠는가 말일세."

듣고 보니 틀린 말이 아니었다.

선비는 배우기를 힘썼다.

人生不學이면
인 생 불 학
如冥冥夜行이니라
여 명 명 야 행

〈太公〉

사람이 태어나서 배우지 않으면
어둡고 어두운 밤길을 가는 것과 같다.

〈태공〉

| 해 설 | 정글에서 한 아이가 발견되었다.
사람이긴 한데 하는 짓은 동물과 똑 같았다. 무슨 일로 그 아이는 사람의 손이 아니라 원숭이에 의해 길러졌던 것이다.
이 실화는 인간의 성장은 인간 문화 속에서 배우고 자라야 한다는 것을 증명해 준 일이었다. 배우지 않으면 동물과 다를 바 없는 것이다. 배우기를 힘쓰는 자만이 성공할 수 있다.

| 한자풀이 |
人(인) : 사람. 인간. 인품. 人格(인격)
生(생) : 나다. 태어나다. 천생으로. 生活(생활)
冥(명) : 어둡다. 어둠. 아득하다. 冥想(명상)
夜(야) : 밤. 夜行(야행)
行(행) : 가다. 걷다. 나아가다. 행하다. 行動(행동)

예화

학자들의 어린 시절을 보면, 부모의 영향을 크게 받는다.

조선 성종 때의 학자 정여창에게는 어머니의 훈시가 길잡이가 되었다.

그는 놀기를 좋아하고 술을 좋아해 학문과는 거리를 두고 살았다. 두주불사하는 그의 주량은 감히 따를 자가 없었다.

늘 술에 취해 살던 그는 그날은 친구와 마시다가 대취했다. 집에 돌아간다고 했지만 의식불명으로 곯아 떨어져 어느 땅바닥에 쓰러졌다.

깨어나 보니 인가도 없는 벌판이었다. 들판에서 하룻밤을 정신없이 잤던 것이다.

집에 돌아온 그의 몰골을 보고 어머니는 가슴이 아팠다.

"네 몰골이 말이 아니다. 이래서야 되겠는가? 일찍 네 아버지가 돌아가셨는데 내가 의지할 데라고는 누구겠는가? 네가 배우지 않고 살아간다는 것은 어두운 밤길을 걷는 것과 같다."

어머니의 호통에 정신이 버쩍 들었다.

배우지 않는 것은 밤길을 가는 것과 같다는 말이 그의 가슴을 쳤다. 그는 그 길로 마음을 다져 먹고 학문에 뜻을 두기로 했다.

뒤늦은 변화였다. 하지만 열심히 공부해 김종직의 문하생으로 들어갔다.

그런 뒤 지리산으로 들어가 성리학의 이치를 깊이 연구했다. 그리하여 성리학의 뛰어난 학자로 이름을 떨치게 되었던 것이다.

人不通古今이면
인 불 통 고 금
馬牛而襟裾니라
마 우 이 금 거

〈韓文公〉

사람이 고금의 일에 통하지 않으면
말과 소에 옷을 입힌 것과 같다.

〈한문공〉

| 해설 | 옛것을 배우는 이유는 사물과 세상의 이치를 그 속에 밝혀놓았기 때문이다. 더구나 성인들의 가르침은 인간으로서 나아가야 할 길을 밝혀 놓았기 때문에 마땅히 배워야 하는 것이다.
　오늘날 같이 직업교육, 단순 지식교육에만 치우치면 인성교육이 되지 못해 반사회적 인물이 되기 쉽다. 인간이 동물이 아닌 다음에야 인간다운 길을 찾아 살아야 한다. 그 길은 옛것을 알고 새것을 배우는 데에 있다.

| 한자풀이 |

古(고) : 옛. 오래다
今(금) : 이제. 이. 이에
通(통) : 통하다. 꿰뚫다. 왕래하다. 通行(통행)
襟(금) : 옷깃. 가슴. 생각.

예화

아주 재미있는 스님이 한 분 계셨다.

그가 머물고 있는 절 근처 마을에 도둑떼가 극성이었다.

스님은 도둑들을 쫓는 특이한 태도를 보였다.

산 위에 올라가,

"듣거라, 도둑들아. 세상의 재물이라는 것은 사람의 것이 아니다. 잠시 맡아 두는 것뿐이다. 무슨 일로 남의 것을 빼앗느냐!"

이 소리를 듣고 도둑들은 스님을 괘씸하게 여겼다. 하루는 스님을 찾아가 협박했다.

"부처의 진리가 있다면 어디 이 눈앞에 보여 봐라. 말만 지껄이기 좋아하는 중아!"

스님은 눈 하나 까딱하지 않고 한 마디 말간했다.

"중생의 가슴 속에 있는 거다."

"가슴 속에 불법이 있다고? 우리들 도둑들 가슴 속에 그런 게 있을 리 없다. 그러니 스님의 가슴을 칼로 째보면 볼 수 있을 것이다."

칼끝이 가슴으로 바싹 다가오는 것을 보고도 스님은 동요하지 않고 말했다.

"누에라는 게 있지. 비단실이 누에 입에서 나오는데 누에의 입을 자른다고 해서 그 안에서 비단실을 볼 수 있다고 생각하는가?"

도둑들은 듣고 있었다.

처음에는 그게 무슨 소리인지 알 수 없었다.

스님이 설명을 해 나갔다.

"누에의 입 밖으로 나올 때 비로소 비단실이 되는 게야. 이와 마찬가지라는 것을 자네들이 이해했다면 다행이지."

도둑이라 해도 그 말이 무엇을 뜻하는지 알았다.

자신들이 배우지 않고는 말과 소밖에 되지 않는다는 것을 깨달았다.

그들은 배운 게 도둑질밖에 없었던 것이다.

그들을 칼을 놓고 무릎을 꿇고 용서를 구했다.

인물

한문공(韓文公) : 768~824. 중국 당나라 때의 유명한 문장가이다. 이름은 유(愈). 자는 퇴지(退之). 문공(文公)은 시호. 백가(百家)의 글과 사기(史記)의 문체를 모범삼아 웅장하고 강건한 문장을 지어 당송팔대가(唐宋八代家)의 제일인자로 꼽힌다. 창려선생집(昌黎先生集) 50권을 저술했다.

家若貧이라도 不可因貧而廢學이오
가약빈　　　불가인빈이폐학
家若富라도 不可恃富而怠學이니
가약부　　　불가시부이태학
貧若勤學이면 可以立身이요
빈약근학　　　가이입신
富若勤學이던 名乃光榮이니라
부약근학　　　명내광영
〈朱文公〉

집안이 만약 가난하더라도 가난으로 인해서 학문을 그만두어서는 안 되고, 집안이 만약 부유하더라도 부함을 믿고, 학문을 게을리 해서는 안 된다 〈주문공〉

| 해설 |

배움의 목적이 무엇인가. 배우고 배워서 자기 삶을 어떤 방향으로 나아가게 해야 하는가? 이러한 질문은 매우 중요하다.

뜻을 세우지 않고 목적도 정하지 않았다면 방종과 나태의 인간이 되고 만다.

길을 나서면 이르러야 할 도착점 있다. 하물며 인생에도 길이 있는 것이다. 그 길이 눈에 보이지 않을 뿐, 인생에는 걸어야 할 길이 있다.

| 한자풀이 |

廢(폐) : 폐하다. 그만두다. 부서지다. 廢止(폐지)
怠(태) : 게으르다. 위태하다. 懶怠(나태)
勤(근) : 부지런하다. 일. 勤勉(근면)
乃(내) : 이에. 너. 접때

예화

"차윤(車胤)아, 어서 자거라."
어머니는 그렇게 말하고 등불을 껐다.
집안이 가난해 등불조차 마음껏 켤 수 없음을 소년 차윤은 이미 알고 있었다.
한밤중에 일어났다.
캄캄한 들판에 나가 반디를 수십 마리 잡았다.
그것들을 명주로 된 주머니에 넣으니 제법 밝은 빛이 쏟아져 나왔다.
차윤은 그 불빛에서 열심히 글을 읽고 공부해 상서랑의 직위에까지 올랐다.
동진(東晉) 시대 때에 있었던 이야기이다.

차윤과 같은 시대에 손강(孫康)이라는 소년이 살았다.
"넌 내게 고마운 아들이다. 나쁜 아이들과 놀 수도 있을 터인데 넌 그런 애들과 휩쓸리지 않으니 말이다."
어머니의 이러한 칭찬을 들으며 손강은 정말 열심히 공부했다. 역시 가난해 등불기름을 살 돈조차 없었다. 그래도 잠시라도 손에서 책을 놓지 않았다.
겨울이 와 등불을 켤 수 없는 밤이면 창문에 기대어 책을 읽었다. 쌓인 하얀 눈밭 위에 달빛이 반사되어 들어왔던 것이다. 그 빛으로 글을 읽으며 열심히 공부했다.
그리하여 어사대부라는 높은 벼슬에 오를 수 있었다.

學者는 如禾如稻하고
학자 여화여도
不學者는 如藁如草로다
불학자 여고여초

〈徽宗皇帝〉

배운 사람은 곡식과 같지만
배우지 못한 사람은 잡초와 같다.

〈휘종황제〉

해설

잡초는 뽑아져 버려진다. 쓸모없기 때문이다. 쓸모있는 인간이 되려면 곡식과 같은 인간이 되라는 것이다.

심고 가꾸고 거두어 들여야 창고에 쌓을 수 있는 거 곡식이다. 곡식은 사람을 이롭게 하는 것과 같이 배운 사람은 세상에서 이로운 존재가 될 수 있다는 것이다.

곡식은 심고 길러야 한다. 잘 자라게 해서 열매를 맺기까지 열심과 근면, 인내가 필요한 것이다.

한자풀이

禾(화) : 벼. 곡물. 禾穎(화영)
稻(도) : 벼. 도정. 稻芒(도망)
藁(고) : 마르다. 말라 죽다. 藁木(고목)
如(여) : 같다. 같게 하다. 따르다. 如反掌(여반장)
草(초) : 풀. 초원(草原). 거친 풀. 잡초. 草木(초목)

저 유명한 삼국 시대.
오나라의 장수 가운데 여몽이라는 사람이 있었다.
그는 누구인가?
삼국지 도원결의의 한 사람인 관우를 공격해 그를 죽인 장본인이다.
그런 여몽은 집안이 워낙 가난해 젊은 시절 글공부를 못했다. 그 대신 부지런히 무예를 닦아 장수의 자리까지 오른 인물이었다.
어느 날이었다.
오나라의 창업주인 손권을 만난 자리에서 뜻밖의 말을 듣게 되었다.
"여보게, 여몽 장군. 틈틈이 책을 읽어 학식을 쌓아 두게."
여몽은 손권의 권유를 흘려듣지 않았다.
그날로 여몽은 글공부를 시작했다.
그 시작이 잠시 잠깐으로 끝났다면 여몽의 일생은 하찮은 장수에 불과했을 것이다. 잠시도 쉬지 않고 계속한 그의 공부는 피비린내 나는 전쟁터에까지 책을 들고 가 손에서 떼지 않을 정도로 철저했다.
어느 날인가 여몽은 토론을 하게 되었다.
상대는 당대의 학식 높은 노숙(魯肅)이었다. 한동안 말을 주고받던 노숙은 깜짝 놀라 여몽을 추켜세웠다.
"난 그대가 무예에만 뛰어난 줄 알았소이다. 그런데 오늘 보아하니 학식이 풍부하기 그지없소. 이젠 이전의 여몽이 아닐세."

노숙의 이러한 말에 여몽은 역사에 길이 남을 말로 대답했다.

"무릇 선비라고 한다면 헤어졌다가 사흘이 지나서 다시 만났을 때는 뭔가는 달라져 있어야겠지요. 눈을 비비고 상대를 봐야(刮目相對)하는 법이오."

공부를 해서 나날이 새로워져야 한다는 여몽의 자세는 나라를 굳건히 하는 데르 이어졌다.

노숙이 죽고 난 뒤 여몽은 손권을 도왔고, 갖가지 책략으로 오나라의 기반을 굳건히 하는데 힘을 기울였다.

앞서 말한 당대의 뛰어난 장수 관우의 생명을 꺾기까지 한 여몽이었다.

고사성어

刮目相對(괄목상대)

눈을 비비고 상대를 보다. 실력이나 학문이 눈에 띄게 향상되었음을 뜻하는 말로 쓴다. 출처는 삼국지(三國志) 오지(吳志) 여몽전(呂蒙傳)

배움을 권하는 글로 되어 있다
근학편과 짝이 되는 글로
인간답게 살려면
배우기를 힘써야 하고
학문의 중요성에 대해서
가르치고 있다.

권학편

勸 學 篇

勿謂今日不學而有來日하며
물위 금일 불학 이 유래일
勿謂今年不學而有來年하라
물위 금년 불학 이유래년
日月逝矣라 歲不我延이니
일월 서의   세 불 아 연
嗚呼老矣라 是誰之愆고
오 호 노의   시 수지건

〈朱子〉

오늘 배우지 않고서 내일이 있다고 말을 하지 말며,
올해 배우지 않고서 내년이 있다고 말을 하지 말라.
해와 달은 가며 세월은 나를 기다려 주는 것이 아니니,
오호, 늙었구나. 이것이 누구의 잘못인가?   〈주자〉

| 해설 |

봄에 곡식을 심고 가꾸었기 때문에 가을에 추수하고, 사랑으로 대했기에 인정이 흐른다.
내일은 오늘 하기 나름이고, 내년은 올해 하기 나름이다. 이 순간을 어떻게 하느냐에 따라 다음 순간이 정해진다. 이렇게 흘러가는 시간 속에서 사람은 성장해서 어른이 되지만, 이윽고 늙어서 활동할 수 없게 된다. 늙었다고 탄식할 때에는 이미 때가 늦었다.

| 한자풀이 |

謂(위) : 이르다. 알리다.
逝(서) : 가다. 떠나다. 죽다. 逝去(서거)
延(연) : 이끌다. 인도하다. 延長(연장)
愆(건) : 허물. 죄. 잘못하다.

　후한 말기와 위(魏)나라 초기에 걸친 시대는 아주 험난한 때였다.

　이러한 때를 살다간 지식인 중에 동우(董遇)라는 인물이 있었다.

　그는 어려서부터 손에서 책을 떼지 않고 열심히 독학을 했다. 그는 시중(侍中), 대사농(大司農)의 자리까지 오른 사람으로서 그의 학문은 당대에 참으로 유명했다.

　그런 그에게 입문하겠다는 사람이 찾아 왔다.

　그러나 그는 자신의 문하에 두기를 거절했다.

　"나에게 배우기보다 이렇게 해 보게. 자네 자신이 한 권의 책을 되풀이해서 읽는 것이 바람직한 것일세. 한 1백번쯤 읽다 보면 뜻이 저절로 이해될 테니 말이오(讀書百遍義自見)."

　이러한 동우의 권유에 방문자는 수긍하지 못했다.

　"그럴 틈이 없습니다. 속히 알고 싶은 것입니다."

　"시간은 충분히 있네. 사람에게는 세 가지의 남은 시간이 있다는 것일세."

　옆에서 듣고 있던 다른 사람이 세 가지의 남은 시간이 무엇이냐고 물었다. 동우는 설명해 주었다.

　"겨울은 한 해의 나머지 시간이니 책을 볼 시간이 있습니다. 밤은 한 날의 나머지 시간이니 역시 책을 볼 시간이 있습니다. 그리고 비 오는 날은 때의 나머지 시간이라 할 수 있으니 이 또한 책을 볼 시간이 있는 것입니다."

　방문객은 더 이상 동우에게 입문하겠다는 뜻을 조르지 않고 돌아갔다.

자녀 교육에 대한 글들을 모았다.
자식에게 왜 가르쳐야 하며
바로 가르치는 길과 훌륭한 자녀로
기르치기 위한 여러 조언을 담고 있다.
바른 인간이 되게 하기 위해서는
부모의 가르침이 중요함을 가르치고 있다.

훈자편 · 입교편

訓子篇 · 立敎篇

賓客不來면 門戶俗하고
빈객불래　　문호속
詩書無敎면 子孫愚니라
시서무교　　자손우

〈景行錄〉

손님이 오지 않으면 집안이 저속해 지고,
시(詩)와 서(書)를 가르치지 않으면 자손이 어리석어진다.
〈경행록〉

| 해설 | 현관에 사람의 신발이 끊어지면 그 집은 쓸쓸한 집이다 라고 할머니는 말하곤 한다. 사람이 찾아와 늘 신발이 쌓여 있는 집은 활기가 있고, 사람 사는 생명력이 넘쳐난다.
　　이 경우 권력이나 명예가 있는 집이라면 그 권력과 명예가 떨어지면 찾아오지 않는다.
　　진정 인간미가 있는 집이 되라는 것이다.
　　시와 서는 바로 그 인간미를 길러주는 핵심인 것이다. 사람이 사람다워지는 길로 시와 서를 배워야 한다.

| 한자풀이 |

賓(빈) : 손. 손님으로 묵다. 貴賓(귀빈)
戶(호) : 지게. 굴. 구멍. 門戶(문호)
俗(속) : 풍속. 속되다. 俗物(속물)
敎(교) : 가르치다. 하여금. 敎師(교사)
孫(손) : 손자. 자손. 후손. 새싹. 孫子(손자)

정일당 강씨는 여류시인으로 시화에 뛰어난 여성이었다.

강희맹의 후손이기도 한 그녀는 빈객 접대에 대한 법도에 충실했다.

하루는 손님이 집에 묵고 간 다음날 아침이었다.

강씨는 병중에 있었다. 손님에게 넉넉히 대접하지 못했다고 생각한 강씨는 남편에게 다음과 같을 글을 써서 주었다.

"손님이 가실 때 어찌하여 만류하지 않으셨는지요? 보통의 사람도 그렇게 하지 않는데, 어진 사람이라 일컬음을 받는 당신이 그렇게 하실 수 있습니까? 아마도 제가 병환 중에 있다 하여 수고를 끼칠까 봐 그리하신 줄로 생각하고 싶습니다. 병세야 어제보다 나아졌고, 항아리에도 한 도 나 되는 쌀이 있지 않습니까?"

남편을 헤아리는 문구였다.

그런 한편 강씨는 집안의 법도를 걱정하고 있었다.

"저는 일개 아녀자입니다. 그런 노고를 생각하여 집안의 법도를 무너뜨려도 괜찮으신지요? 빈객의 접대는 조상을 받드는 일과도 같다고 했습니다. 집안의 큰 일로 여기고 소홀히 해서는 안 된다고 경계하고 있습니다."

남편은 아내의 글을 읽고 그 생각과 마음씀에 경탄하지 않을 수 없었다.

대접이 신통치 않은 집에 손님이 찾아올 턱이 없는 것이다.

事雖小나 不作이면 不成이오
사 수 소　부 작　　불 성
子雖賢이나 不敎면 不明이니라
자 수 현　　불 교　　불 명

〈莊子〉

일이 비록 작더라도 하지 않으면 이루어지지 않고,
자식이 비록 현명하더라도
가르치지 않으면 밝아지지 않는다.

〈장자〉

| 해 설 | 구슬이 서 말이라도 꿰어야 보배라는 말은 그 꿰는 일을 함으로써 구술이 보배다워진다는 것이다. 쓸모있고 없고는 그 자체로 되어지는 것이 아니라 사람의 손에 달려 있다는 것이다.
　다이아몬드도 처음에는 한 개의 돌에 불과하다. 그것을 갈고 닦아서 빛을 내게 했을 때 비로소 보석으로서의 가치를 드러낸다.
　사람을 보배로운 존재가 되게 하려면 가르침으로써 그 빛이 난다는 것임을 명심하자.

| 한자풀이 |

事(사) : 일. 전념하다. 事物(사물)
雖(수) : 비록. 그러나. ~라 할지라도
作(작) : 짓다. 일으키다. 作定(작정)
賢(현) : 어질다. 착하다. 賢母(현모)
明(명) : 밝다. 밝히다. 밝게. 환하게. 明晳(명석)

먼 타지로 나가 공부하던 10살의 석봉이었다.
어머니가 너무도 보고 싶어 도중에 집으로 오고 말았다.
해는 저물고 집에 도착했을 때는 밤이었다.
그 시간에도 어머니는 떡을 썰고 있었다.
아들을 맞이한 어머니의 안색은 밝지 않았다.
아들은 갑자기 집에 돌아온 일을 뭐라고 말하고 있지만 내키지 않는 소리로 들렸다.
"그래, 얼마큼 공부를 했기에 이렇게 돌아왔느냐?"
"할 만큼 했다고 생각합니다."
"네 공부가 어느 정도 이르렀는지 보여 줄 수 있느냐?"
"네, 그렇게 하지요."
"등불을 끄고 나는 떡을 썰겠다. 너는 글씨를 써 보아라."
이윽고 어둠 속에서 떡 썰리는 소리와 붓이 글자를 이루는 소리만 들려왔다. 등불이 다시 켜졌다.
썰린 떡과 써진 붓글씨는 서로 완연히 달랐다.
아들은 머리를 극적거렸다.
"냉큼 돌아가거라."
어머니의 떡은 일정한 크기로 반듯하게 썰렸지만, 석봉의 글씨는 획이 컸다 작았다 볼품없었다.
"다시 말하지만 성공할 때까지 이 어미를 찾지 말아라."
어머니의 냉혹함은 엄격한 교육이었다.
누구도 따를 수 없는 명필가가 된 한석봉은 나라의 주요 문서를 책임지고 작성하는 벼슬에 올라 어머니의 은혜에 보답을 했던 것이다.

黃金滿籯이 不如敎子一經이요
황 금 만 영   불 여 교 자 일 경
賜子千金이 不如敎子一藝니라
사 자 천 금   불 여 교 자 일 예

〈漢書〉

황금이 궤짝에 가득 차 있더라도
자식에게 경서(經書) 한 권을 가르침만 못하고
자식에게 천금을 물려주더라도
자식에게 한 가지 재주를 가르침만 같지 못하다. 〈한서〉

| 해설 | 부잣집에서 망나니가 나오면, 부모가 어떻게 가르쳤기에 그 모양이냐 하며 손가락질한다.
남녀가 짝을 이룰 때, 그 가정환경을 보는 것은 부모가 무엇을 가르쳤느냐를 알면 그 사람을 알 수 있기 때문이다. 자식에게 유산을 주지 않겠다는 사회운동이 일어나고 있는 것도 인간이 어떻게 살아야 하는가를 일깨워준다. 피땀 흘리는 노력 없이 살아갈 수 없다는 것을 알 일이다.

| 한자풀이 |

黃(황) : 누르다. 누른빛. 黃金(황금)
經(경) : 날. 길. 條理(조리). 經營(경영)
賜(사) : 주다. 하사하다. 은덕
藝(예) : 심다. 기예. 藝術(예술)

예화

　김학성이라는 사람은 일찍 아버지를 여의었다.
　집안 형편 또한 어려웠고, 홀어머니가 품을 팔아 아들 학성을 서당에 보냈다. 아랫동생 또한 어머니의 보살핌으로 서당에 다녔다.
　그날은 비가 왔다.
　뒤뜰에서 일을 하던 어머니가 이상한 소리를 들었다.
　처마끝의 낙수물이 땅에 떨어지며 소리를 냈다. 기이히 여겨 가까이 다가가 보니 물방울에 패인 땅 속에 무슨 물체 같은 게 있었다.
　그곳을 조금 파보자 쇠항아리가 보였다.
　"아니, 이게 뭐야?"
　쇠항아리를 열어본 어머니는 깜짝 놀랐다. 커다란 금덩어리가 그 곳에 들어 있었던 것이다.
　주먹만했다. 어머니는 너무도 기쁜 나머지 손을 넣어 금덩어리를 쥐었다.
　그런 순간 아니야, 노력하지 않고 재물을 바라다니!
　이 금덩어리가 여기에 묻힌 것은 무슨 곡절이 있어. 게다가 가난하다가 갑자기 재물이 생기면 우리 학성이는 게을러질지도 몰라.
　어머니는 생각이 정해지자 땅을 깊숙이 파서 쇠항아리를 묻어버렸다.
　그런 얼마 뒤 아예 이사까지 해 버렸다.
　세월이 흘러 학성과 그의 동생 모두 과거에 급제했다.
　어머니의 보람은 컸다. 두 아들이 다 벼슬에 올랐으니 지난

날의 고생이 꿈결 같았다.

　아버지의 제삿날이 왔다.

　학성의 어머니는 그 동안 가슴에 묻어 두었던 지난 일을 꺼냈다.

　"내가 그때에 금덩어리를 횡재했지. 그랬지만 마음을 모질게 먹고 도로 땅 속 깊이 묻었다. 왜 그런지 알겠느냐?"

　듣던 두 아들 중 동생이 어머니가 잘 이해되지 않는 듯 질문했다.

　"어머니가 고생을 면할 일을 그렇게 하셨다고 생각되어요. 저희도 그 금덩어리로 편하게 잘 살 수 있었을 거 아녜요. 그럼, 공부도 덜 고생해서 했을 거구요."

　"내가 경계했던 것은 게으름이다. 만일 그때에 저절로 굴러 들어온 재물로 편안히 생활했다면 오늘의 너희들이 될 수 없었을 것이다. 게다가 수고하지 않고 생긴 재물은 집안에 화를 몰고 온다는 옛말이 있다."

　말을 마친 어머니는 비록 어렵게 살아왔지만 잘 자란 두 아들을 대견한 마음으로 바라보았다.

　지난 날 그렇게 하기를 잘했지. 황금을 물려주기보다 자식으로 하여금 공부할 수 있도록 하게 한 자신에 대해 흡족해 하며 내심 미소를 짓고 있었다.

서책

한서(漢書) : 후한의 반고가 편찬한 전한(前漢)의 역사서. 120 권으로 되어 있다. 한고조에서 왕망(王莽)까지의 229년간의 역사를 다뤘다.

至樂은 莫如讀書요
지 락　　막 여 독 서
至要는 莫如敎子니라
지 요　　막 여 교 자

〈漢書〉

지극한 즐거움은 독서만한 것이 없고,
지극히 중요한 것은 자식을 가르치는 것만 한 것이 없다.

〈한서〉

| 해 설 |

하루에 한번이라도 독서를 하지 않으면 입안에 거미줄이 쳐지는 것과 같다는 말을 생각해 보자. 오락이나 유흥의 즐거움은 그 순간의 찰나지만, 독서가 일깨워주는 즐거움은 영원한 것이다.

배를 채우기 위해 먹을 것을 챙길 줄은 알지만, 자기의 머릿속이 텅 빈 깡통처럼 되어 있는 줄 모르고 배우지 않는다면 바른 인생을 살아가고 있다고 할 수 없다.

그러므로 진정한 즐거움이 무엇인가를 책에서 찾을 줄 아는 사람이 되어야 한다.

| 한자풀이 |

至(지) : 이르다. 미치다. 닿다. 至急(지급)
莫(막) : 없다. 저물다. 말다. 莫論(막론)
讀(독) : 읽다. 해독하다. 설명하다. 讀書(독서)
要(요) : 구하다. 원하다. 요구하다. 要請(요청)
敎(교) : 가르침. 교령. 하여금. 敎育(교육)

　맹자가 어머니와 함께 살던 집은 본래 공동묘지 근처였다. 일찍 아버지를 잃은 맹자는 아이들과 뛰어 놀면서 장례의 곡소리와 관 묻은 흉내를 아주 잘 냈다. 이런 모습을 본 어머니는 이사를 했지만 그곳이 시장을 이웃하고 있어서 장사치 흉내를 내는 게 아닌가! 다음으로 옮겨간 곳이 서당 근처였다. 어머니는 비로소 마음을 놓게 되었다.

　맹모삼천지교(孟母三遷之敎)로 널리 알려진 이 이야기는 그 후일담이 백미를 이룬다.

　소년 시절 맹자는 유학을 갔다가 중간에 돌아온 일이 있었다. 어머니는 베를 짜고 있다가 아들을 맞았다. 어머니는 얼굴에 그늘을 드리우며 물었다.

　"네 공부가 어느 정도 나아졌느냐?"

　"그대로입니다."

　어머니는 앉은 자리에서 칼을 들어 베를 끊어 버렸다.

　"왜 베를 끊었겠느냐? 네가 공부를 그만두는 것도 이런 것과 같지 않겠느냐? 군자는 학문에 힘쓰고, 모르는 것은 물어 지식을 넓혀야 하는 법이다. 그래야 몸과 마음이 편안해질 수 있다. 여자가 생업을 그만두거나 남자가 덕을 쌓다가 타락하면 도둑이 되거나 남의 심부름 종밖에 달리 될 게 없다!"

　어머니가 베를 끊으면서 보여준 가르침(斷機之敎)은 오늘날에서 보면 시청각적 교육에 해당될 것이다.

　어머니의 태도에 크게 충격을 받은 맹자가 그 이후 몸과 마음을 어떻게 했는가는 그의 공적으로 알려진 바다.

內無賢父兄하고 外無嚴師友요
내 무 현 부 형   외 무 엄 사 우
而能有成者鮮矣니라
이 능 유 성 자 선 의

〈呂榮公〉

안으로 현명한 부형이 없고,
밖으로 엄한 스승과 친구가 없이도
능히 성공한 사람은 드물다.　　　　　　〈여영공〉

| 해설 | 모든 성공자의 뒤를 보면 거기에는 잊지 못할 가족이 있기 마련이다.
　성공사례의 모든 이야기는 그 사람에게 용기를 주고 지혜를 주고 위로한 그 누군가가 있는 것이다. 사람은 결코 혼자서 성공에 이를 수 없다.
　그러므로 사람은 좋은 스승을 만나야 한다. 부모도 스승이지만, 학교 선생은 물론이거니와 친구조차도 좋은 친구일 때는 좋은 스승이 되어 준다. |

| 한자풀이 |
內(내) : 안. 들이다. 어머니. 內室(내실)
兄(형) : 맏이. 형. 兄弟(형제)
能(능) : 능하다. 잘하다. 能力(능력)
師(사) : 스승. 선생. 師父(사부)
鮮(선) : 곱다. 뚜렷하다. 깨끗하다. 鮮明(선명)

조선 인조 때의 정승 홍서봉의 어머니는 엄하고도 현명한 자식 교육으로 이름을 떨친 여성이다.

일찍 남편을 여읜 홍서봉의 어머니는 그 때문에 더욱 엄격한 어머니로 자처해야 했다.

"과부의 자식이라고 홀대를 하는 세상이다. 나는 그런 소리를 듣기 싫다. 네가 공부를 하지 않고 놀기만 한다면 그 소리는 더욱 뼈에 사무칠 것이다. 그러니 이것을 경계해서 처신해라."

어머니는 종종 홍서봉을 앉혀 놓고 이런 말을 들려주었다. 그래서 서봉이 게으름을 피운다거나 놀기에만 팔려 있으면 가차 없이 매를 들었다.

"종아리를 걷어라."

아들을 때리고 나면 회초리에 피가 묻어날 정도였는데, 어머니는 그 회초리를 버리지 않고 잘 간직해 두었다.

그럴 때마다 어머니는 눈물이 앞을 가려 약해지는 마음을 추슬러야 했다. 결코 아들 앞에서 그런 눈물을, 어머니가 약해져 있다는 눈물을 보이지 않았다.

"이 집안의 운명은 이 회초리 하나에 달려 있다고 해도 과언이 아니다. 훗날 이 회초리를 네가 오히려 고맙고 자랑스럽게 여길 날이 올 것이다."

말하며 아들 서봉을 잠시라도 게으름에 빠지지 않도록 다그쳤다.

어머니는 남편이 남기고 간 자식 홍서봉이 남달리 영리하고 성실한 면을 일찍 발견하고 올바른 교육만이 아들을 잘 기르는 일이라고 다짐해 온 터였다.

그런데 이 엄격한 서봉의 어머니에 대해 사람들이 품은 한 가지 의문이 있었다.

아들을 가르칠 때에 병풍을 가로 쳐놓고 그것을 사이에 두고 앉았다. 얼굴을 대면하지 않고 가르쳤던 것이다.

도대체 무슨 일일까?

뒷날 어머니는 이에 대해 사람들의 의문을 풀어주었다.

"아들은 비상한 기억력을 가지고 있어서 글을 보면 어느 새 머릿속에 담아둡니다. 한번 배운 것은 잘 잊어버리지도 않으니 어미 된 마음이 여간 기쁘지 않답니다. 하지만, 아들이 똑똑하다는 것을 느낀 기쁨을 얼굴 표정에 보인다면 아들이 어떻게 생각하게 되겠습니까? 분명 자신의 잘남을 믿고 자만해질 것이며, 이 때문에 게을러질 것입니다. 이 때문에 병풍으로 얼굴을 가리고 글공부를 시켰던 것입니다."

좌의정과 영의정을 다 거친 홍서봉의 뒤에는 이런 어머니의 교육이 있었던 것이다.

인물

여영공(呂榮公) : 송나라 학자. 이름은 희철(希哲). 자는 원명(原明). 영공(榮公)은 시호. 저서에 여씨잡기(呂氏雜記)

嚴父는 出孝子하고
엄부   출효자
嚴母는 出孝女니
엄모   출효녀

〈太公〉

엄한 아버지는 효자를 길러내고,
엄한 어머니는 효녀를 길러낸다.

〈태공〉

| 해설 |

스파르타식 교육이라는 것이 있다. 그 엄격함이란 실로 참아내기 어려운 과정으로 되어 있다. 뛰어난 스포츠 선수를 보아도 그 훈련이 지옥훈련을 받아 스타가 된 것임을 알 게 된다.

미국의 유명 대학 10곳에서 합격 통지를 받은 한 여학생의 어머니는 어려서부터 치밀한 계획으로 가르쳤다. 혹독한 가르침에 자기 엄마가 계모가 아닌가 싶을 정도였다고 했다.

왜 그런 엄격함이 있어야 하는가를 생각해 본다면 자식이 자식됨은 부모의 엄격함이 있어야 한다는 것을 알 수 있을 것이다.

| 한자풀이 |

嚴(엄) : 엄하다. 혹독하다. 嚴肅(엄숙)
出(출) : 나타나다. 내보내다. 出荷(출하)
母(모) : 어미. 할미. 암컷. 母性(모성)
孝(효) : 효도. 孝心(효심)
女(여) : 여자. 딸. 처녀. 계집. 女性(여성)

조선 초기 때를 지낸 홍언필은 임금을 잘 받든 신하였다. 그는 아들에 대해 몹시 엄격했다. 그 가르침이 허술한 데가 없었다.

아들 홍섬이 벼슬에 나아가 대사헌이 되었다.

홍언필은 자신이 보기에 아들 홍섬이 잘못하는 일이면 가차 없이 매를 들었다. 한 나라의 재상이 아버지에게 종아리를 맞다니, 사람들은 그렇게 말할지 모르지만, 홍언필은 자신의 의지를 굽히지 않았다.

대사헌에 오른 홍섬이 입궐하면서 가마를 탔다. 잘못된 것은 없지만 아버지 홍언필의 눈에는 그렇지 않았다. 몹시 노하여 꾸짖기를,

"가마란 누가 타는 것인가? 나이도 많고 지위가 높은 사람이라야 탈 수 있는 것이다."

아버지는 아들이 가마를 타서는 안 된다고 본 것이다. 이번에는 매를 들지 않고 가마에 둘둘 말아서 뜰에 있게 했다. 누구 하나 말릴 엄두도 내지 못했다. 한 나라의 재상이 그런 벌을 아버지에게 받고 있다니!

임금도 그 사실을 알았다. 임금이나 일반 백성도 겉으로는,

"대사헌이라면 나라의 재상인데 너무 하지 않는가!"

말하지만 내심 엄격한 아버지에 대해 감탄해 마지않았다.

홍섬은 나랏일을 그릇되게 하거나, 부정한 일을 하지 않을 수 있었던 것도 그런 아버지를 두었기 때문이라고 말하고는 했다.

憐兒어든 多與棒하고
연 아　　　다 여 봉
憎兒어든 多與食하라
증 아　　　다 여 식

〈太公〉

아이를 사랑하면 매를 많이 때리고,
아이를 미워하면 밥을 많이 주라.

〈태공〉

| 해설 | 교사가 학생에게 매를 들었다고 학부형이 항의를 하는 일이 종종 기사로 등장한다. 진정 '사랑의 매'였다면 그 매는 학생에게 소중한 약과도 같을 것이다. 잘못된 길로 가고 있음에도 사람은 그것이 잘못된 것인지 모를 때가 많다. 사랑의 매가 그것을 알게 해 바로 잡아 줄 수 있는 것이다.
　오늘날 인권이니 뭐니 해서 사랑의 매가 줄어들고 있다. 인권은 중요한 것이지만, 먼저 인간이 되지 않고는 잘못된 인권은 세상을 흐리게 할 뿐이다.

| 한자풀이 |

憐(연) : 가엾게 생각하다. 사랑하다. 憐憫(연민)
棒(봉) : 막대기. 몽둥이로 때리다. 棍棒(곤봉)
憎(증) : 미워하다. 미움. 憎惡(증오)
與(여) : 주다. 베풀다. 무리. 與否(여부)
食(식) : 밥. 먹을거리. 먹다. 食事(식사)

당나라가 멸망했다. 때는 10세기 전반.

혼란한 틈을 타고 지방 절도사들은 암암리에 독자적으로 세력을 키워 나갔고, 장기적으로 이러한 군웅할거의 난세는 꽤 지속되었다.

각 지방은 그들 각자에 의해서 장악되고 있었으므로 새로 일어나는 왕자들에 대해서도 겉으로 추종하는 척하며 자기네 세력에 몰두했다.

그런 절도사의 후예로 대표적인 존재로 형남(荊南)의 고씨가 꼽히면서 상당한 물의를 일으켜 세인의 입에 오르내렸다.

시조인 고계흥(高季興)이 당나라 말기에 형남절도사가 된 이래, 57년간(907년~963년)에 걸쳐 형주를 통치했는데 바로 그 때의 이야기다.

고계흥에게는 종회라는 아들이 있었다.

종회가 장가를 가서 장손 보융을 낳고, 줄줄이 자식을 낳다가 열 번째로 아들 보욱을 보았다.

그런데 종회의 열 번째 아들인 이 보욱이라는 자가 커서는 음란하기 그지없는 작자였다.

매일 연회를 열어 쾌락의 광란을 벌였고, 그 절정에서는 힘센 병사를 골라 기생들과 혼음을 시키고 그들이 어울려 노는 성희의 광경을 처첩들과 희희덕거리며 바라보기를 즐겨 했던 것이다.

그런데 보욱이 이렇게 된 데는 그 아버지 종회에게 있었던 것이라고 사람들은 보았다.

보욱이 어렸을 때였다.

여러 형제 중 아버지 종회는 유독 보욱이만 총애하였다. 사랑을 독차지 한 것까지는 좋았는데, 그게 탈이 되어 미워하는 사람도 많았다.

아버지의 사랑에 푹 빠져 있던 보욱은 다른 사람들이 자신을 노려보는 눈초리를 보내도 엉뚱하게도 자신을 얼러 주느라고 그러는 줄로 생각하고 오히려 방글방글 웃고는 하였다.

종회는 화를 내다가도 아들 보욱을 보면 언제 그랬느냐 싶게 화를 풀고 웃었다고 한다.

아버지의 빗나간 총애가 아들을 망치고 있었던 것이다. 사람들은 보욱의 그런 모습을 보면서 한숨을 내쉬면서 말하기를 만사휴의(萬事休矣)라고 했던 것이다.

어떻게 해 볼 도리가 없다는 뜻이다. 커서는 난잡한 생활로 살았으니 정말 어떻게 해 볼 도리없는 인간이었다.

고씨 일가의 세도는 57년간으로 끝이 났다.

종회가 낳은 아들 보융, 그 보융이 낳은 아들 계중에 이르러서 계중은 송나라 태조에게 귀순했던 것이다.

계중은 고계흥의 4대손이었으니까 길어 봐야 50여년이었다.

治官(치관)엔 莫若平(막약평)이요
臨財(임재)엔 莫若廉(막약렴)이니라

〈忠子〉

관리를 다스림에는 평등만한 것이 없고
재물에 임하여는 청렴함만한 것이 없다.

〈충자〉

| 해설 |

물질만능과 소비지상주의 시대에 청렴하게 살아가기란 쉽지 않다. 돈이면 불가능도 가능하게 한다는 사고방식이 젖어 있는 사회에서 초연하게 청렴한 생활을 지켜가려면 남보다 검소해야 하고, 근면과 정직하게 살아야 한다.
　세상이 혼란스럽고 부정과 부패로 가득찬 것은 근면과 정직을 버린 탓이며, 사치와 방종에 빠진 탓이다. 누군가가 공평과 청렴의 밑알이 되지 않고는 이 사회는 밝고 맑아질 수 없다.

| 한자풀이 |

官(관) : 벼슬. 벼슬아치. 관청. 官吏(관리)
莫(막) : 없다. 정하다. 꾀하다. 莫上(막상)
若(약) : 같다. 너. 만일.
臨(임) : 임하다. 다스리다. 본떠 쓰다. 臨時(임시)
廉(렴) : 청렴하다. 검소하다. 곧다. 淸廉(청렴)

우리가 너무도 잘 아는 이순신은 무과에 급제한 뒤에도 평정심을 잃지 않았다.

남들이 권력자를 찾아가 높은 벼슬자리에 오르기 위해 아첨과 아부를 떨 때 그는 의연하게 자신을 지켜 나갔다.

율곡 이이가 이조판서로 있을 때였다.

율곡은 같은 종씨(宗氏)로서 이순신에 대한 인품을 전해 듣고 한번 만나 보고 싶었다. 그래서 사람을 보내어 만나기를 청했다.

그러나 이순신은 다음과 같이 응답했다.

"같는 종씨로서는 만나뵐 수 있습니다. 그러나 관리를 전형하는 이조판서로서는 만날 뵐 수 없습니다."

이순신은 종씨로서의 율곡을 만나는 것이 공과 사를 분명히 하는 일이라고 생각했던 것이다.

그만큼 청렴하고자 한 이순신의 진면목이 드러나는 처신의 모습이 아닐 수 없다.

살펴야 할 마음에 대한 글들을 모았다.
마음을 살핀다는 것은
반성을 바탕으로 하고 있다.
마음을 살피는 사람이
언행을 바로 가질 수 있고,
인격적인 삶을 살 수 있음을 가르치고 있다.

성심편

—

省 心 篇

旣取非常樂이어든
기 취 비 상 락
須防不測憂니라
수 방 불 측 우

〈景行錄〉

이미 보통이 아닌 즐거움을 가졌으면
모름지기 예측할 수 없는 근심을 방지하라.

〈경행록〉

| 해설 | 노는 재미에 도끼자루 썩는 줄 모른다는 말을 상기해 보자. 또 호사다마(好事多魔)라는 말도 생각해 보자. 좋은 것이 있으면 그 뒤에는 나쁜 것이 따르는 게 세상이라는 것이다.
그래서 동전의 앞면과 뒷면처럼 즐거움과 근심이 서로 등을 맞대고 붙어 있음을 명심하자.
즐거움이 극에 달하면 슬퍼진다는 옛말도 상기해 보자.

| 한자풀이 |
旣(기) : 이미. 벌써. 원래. 旣存(기존)
取(취) : 취하다. 골라 뽑다. 取得(취득)
須(수) : 모름지기. 마땅히
防(방) : 둑. 막다. 防水(방수)
測(측) : 재다. 헤아리다. 測量(측량)

예화

그날 한무제(漢武帝)는 분하(汾河)에 배를 띄웠다.

황하의 지류인 분하는 가을색을 수면에 드리워 풍취가 있었다. 황제의 좌우로는 군신들이 동석하여 즐거운 한 때의 시간이 배안 가득 넘쳐 났다.

그러자 강상(江上)의 흥취를 맛보는 가운데 갑자기 한무제의 눈시울이 아련해졌다.

그의 입에 시 한 수가 흘러나왔다.

가을바람 일어 흰 구름 날리는 날, 초목은 시들어 떨어져 가고
기러기는 남쪽으로 돌아가려고 울며울며 하늘을 비껴간다.
이런 가을에는 난과 국화만이 꽃 피어나 그 자태를
자랑하거니와, 아무래도 나는 님을 생각하며 잊을 수가 없구나.
오늘 누선을 띄워 분하를 건너다가 강 한가운데 배를 멈추니
흰 물결이 일어나고, 음악이 흐르는 가운데 뱃노래가 흥을 돋운다.
즐거움이 극에 이르면 비애가 따른다(歡樂極 哀情多)고 하더니,
젊음이 얼마나 되겠는가. 곧 늙을 것을 어떻게 한단 말인가.

행복의 절정에 다다랐을 때, 도리어 비애를 느끼게 된다.

왜 즐거움의 마지막은 엉뚱한 감정을 불러일으키는 것일까? 그 마음에 무상함을 느끼고 있기 때문이라고 한다.

즐거움의 극에서 느끼는 비애의 감정을 잘 나타낸 시로 전해 오고 있다.

疑人莫用하고
의 인 막 용
用人勿疑니라
용 인 물 의

〈景行錄〉

사람을 의심하면 쓰지 말고,
사람을 썼으면 의심하지 말라.

〈경행록〉

| 해설 | 의심에도 좋은 면과 나쁜 면이 있다. 과학적 발견이나 문제 해결의 길잡이로 대상을 의심해 보는 탐구적 방법은 매우 긍정적이다.
가정에서나 직장에서나 친지간에서나 인간관계의 신뢰는 믿음을 바탕으로 한다. 믿음이 없다면 사랑도 진정한 인간미도 없게 된다.

| 한자풀이 |

疑(의) : 의심하다. 괴이하게 여기다. 疑問(의문)
莫(막) : 없다. 저물다. 엷다. 늦다. 莫逆(막역)
用(용) : 쓰다. 등용하다. 用語(용어)
勿(물) : 말다. 아니다. 勿論(물론)

진승(陳勝)은 진시황의 나라를 멸망으로 이끌어낸 역사의 한 인물이다.

젊은 날 남의 집 머슴살이를 지내던 때, 하루는 밭갈이를 하다가 엉뚱한 소리를 했다.

"먼 훗날 부귀를 얻게 되면 서로 잊지 말도록 합시다."

주인이 웃었다.

"미친 녀석! 남의 집 머슴살이 주제에 무슨 부귀냐."

진승은 탄식했다.

"아, 참새나 제비 따위가 어떻게 기러기나 백조의 뜻을 알겠는가?"

세월이 지나 진시황이 죽자, 곳곳에서 반란이 일어났고, 진승과 오광은 함께 그 선봉장이 되었다.

"왕이나 제후, 장군과 재상이라고 뭐 특별한 씨를 가지고 태어난 것은 아니다."

그 유명한 말 '왕후장상의 씨가 따로 없다'를 외치며 봉기군의 앞장에 섰다.

반란이 성공했다.

그가 꿈꾸었던 부귀영화를 거머쥐었다.

하지만 전쟁의 소용돌이 속에서 사람을 의심하고 시기심이 늘어나 신하들의 미움을 샀다.

진승은 피살당해, 그 부귀영화를 누리지 못했다.

飽煖엔 思淫慾하고 飢寒엔 發道心이니라
포 난   사 음 욕   기 한   발 도 심

〈景行錄〉

배부르고 따뜻하면 음욕이 생각나고,
배고프고 추워야 도덕심이 일어난다.

〈경행록〉

| 해 설 |

　　영화나 소설에 보면 귀족들의 타락한 소재가 많다. 또 그와는 달리 가난한 생활을 하지만 의협심으로 감동을 불러일으키는 드라마도 흔히 대할 수 있다.
　　사람은 삶의 긴장감이 없으면 그 긴장감을 엉뚱하게도 육체의 본능에서 찾게 되고는 한다. 도덕은 인간을 인간되게 하는 길잡이인 것이다.
　　물질적 풍요를 바로 사용하지 않으면 인간을 타락으로 빠뜨려, 오히려 인간을 망친다는 것이다.

| 한자풀이 |

飽(포) : 배부르다. 싫증이 나다. 飽食(포식)
煖(난) : 따뜻하다. 따뜻하게 하다. 煖房(난방)
思(사) : 생각하다. 마음. 思考(사고)
淫(음) : 음란하다. 어지럽히다. 淫慾(음욕)
發(발) : 쏘다. 떠나다. 發信(발신)

어느 날 유비는 유표가 베푼 술좌석에 앉았다가 변소에 가게 되었다.

자신의 넓적다리가 유난히 눈에 띄었다. 살이 두둑이 붙어 있는 걸 발견하고 탄식을 했다.

변소에서 돌아오는 유비의 표정을 보고 유표가,

"안색이 좋지 않아 보입니다."

하고 묻자, 유비는 자신의 심정을 털어놓았다.

"오늘 보니 넓적다리에 살이 가득 붙어 있었습니다. 늘 말을 타고 다닐 때는 그런 살이 붙을 새가 없었지요. 요즘 말을 타지 않으니 이 모양입니다."

유비 나이 벌써 50, 몸은 늙는데 아무런 공도 세우지 못하고 먹고 편안히 지내는 나날에 나태해져 있던 것이 서글펐던 것이다.

이 날 이후 유비는 버릇처럼 비육지탄을 들먹이며 쓸쓸한 나날을 보냈다.

그러나 다시 마음을 다지고 때를 기다리던 유비에게도 기회가 왔다. 적벽 싸움에서 명성을 떨쳤던 것이다.

이 기세를 몰아 양자강 중류의 강릉까지 세력을 뻗어 나갈 수 있었다.

그곳은 요충지대였다.

조조가 이 소식을 접하고 얼마나 놀랐던지 들고 있던 붓을 다 떨어뜨렸을 정도였다.

유비는 그 뒤 촉한을 세웠다.

不經一事면
불 경 일 사
不長一智니라
부 장 일 지

〈疏廣〉

한 가지 일을 겪지 않으면
한 가지 지혜가 자라지 않는다.

〈소광〉

| 해설 | 젊어서 고생은 사서라도 한다라는 말이 있다. 경험의 중요성을 일컫는 말이다.
  경험을 한다는 것은 세상의 이치를 알게 하는 지름길이며 지혜롭게 살 수 있는 힘을 얻는 것이나 마찬가지다.
  그래서 백번 듣기보다는 한번 보는 것이 더 낫다라는 것도 경험철학의 중요성을 이르는 말이다. 지혜의 근원은 경험에 있다는 말이다.

| 한자풀이 |
一(일) : 하나. 한번. 처음. 一場春夢(일장춘몽)
經(경) : 날. 날실. 세로. 길. 經度(경도)
長(장) : 길다. 늘이다. 長壽(장수)
智(지) : 지혜. 꾀. 智略(지략)

예화

한나라 선제(宣帝) 때, 변방 유목민족인 강(羌)족이 난을 일으킨 일이 있었다.

지금의 티베트 계통 족속인 이들을 토벌하려고 했지만 여의치 않았다.

선제는 염려되었다.

이때에 그 평정을 스스로 맡고 나선 인물이 조충국(趙充國) 장군이었다

지난날 무제 때 흉노족 토벌에 참가해 혁혁한 공을 세운 사람이었다.

그는 이미 나이가 70이 넘어 있었다.

조충국이 선제 앞에 섰다.

선제는 조충국이 용맹한 장군이며 지모와 병법에 뛰어난 인물임을 알고 있었다.

그러나 궁금한 게 있어 물었다.

"강족을 평정하려는 그대는 어떤 전략을 쓸 것인지 궁금하오. 또 병력은 얼마나 필요한지 말해 보오."

조충국이 대답했다.

"백 번 듣는 것은 한번 보는 것만 못합니다(百聞不如一見). 전쟁을 수행하는 일이란 현지 사정을 살피지 않고서는 방책을 세우기 어렵습니다. 그렇기에 속히 떠나게 해 주시면, 그곳 실정을 살펴 대책을 세워 말씀 드리겠습니다. 폐하께서는 노신을 믿고 일임해 주십시오."

선제는 승낙했고, 현지에 달려간 조충국은 둔전책(屯田策)을 써서 1년 남짓에 걸쳐 강의 반란을 평정했다.

有福莫享盡하라 福盡身貧窮이요
유복 막 향 진　　복 진 신 빈 궁
有勢莫使盡하라 勢盡冤相逢이니라
유세 막 사 진　　세 진 원 상 봉
福兮常自惜하고 勢兮常自恭하라
복 혜 상 자 석　　세 혜 상 자 공
人生驕與侈는 有始多無終이니라
인 생 교 여 치　　유 시 다 무 종

〈擊壤詩〉

복이 있어도 다 쓰지 말라. 복이 다하면 몸이 빈궁해진다. 권세가 있어도 다 부리지 말라. 권세가 다하면 원수와 서로 만난다. 복이 있거든 항상 스스로 아끼고 세력이 있거든 항상 스스로 공경하라. 인생에 있어서 교만과 사치는 시작은 있으나 끝이 없는 경우가 많다.　〈격양시〉

| 해 설 |

식사 때에 배부르게 먹지 말고 조금 배고픈 듯할 때 수저를 놓으라고 한다. 즉 100%가 아닌 80% 정도가 좋다는 것이다. 현대인의 병인 비만이나 성인병은 욕구에 따라 먹고 마시기 때문이라는 것이다. 이 이치를 세상을 살아가는데 적용한다면 매사에 지나침을 경계한다면 좋은 삶을 살 수 있다는 것이다.

| 한자풀이 |

享(향) : 누리다. 드리다. 享受(향수)
惜(석) : 아끼다. 아□다. 惜別(석별)
侈(치) : 사치하다. 분수에 넘다. 奢侈(사치)

초나라의 호구(狐丘)에서였다.
"세 가지 원망의 대상이 사람들에게 있습니다. 그걸 아시는지 묻고 싶습니다."
손숙오(孫叔敖)의 앞에 한 노인이 앉아 이렇게 말하고 있었다.
"무슨 뜻인지요?"
"직위가 높아지면 사람들은 그를 투기합니다. 벼슬이 높은 사람을 임금이 미워하고, 나라에서 녹을 많이 받는 사람 또한 세상 사람의 원망을 듣지 않습니까?"
손숙오가 무엇을 묻는지 알고 대답했다.
"그렇다면 직위가 올라간다 해도 뜻을 낮추고, 벼슬이 높아진다 해도 마음을 작게 하며, 녹이 많아진다 해도 넓게 베푼다면 이 세 가지 원망에서 자유로울 수 있지 않겠습니까?"
이런 대화가 있고 세월이 흘렀다. 손숙오가 병석에 누워 자신의 명이 다함을 알자 아들을 불러 훈계했다.
"임금께서는 나를 자주 높은 벼슬에 앉히려 했지만 받지 않았다. 내 죽은 뒤 임금께서 네게 땅을 봉해 줄 터인데 절대로 이로운 땅은 받지 말라. 받겠다면 초나라와 월나라 사이의 침구(寢丘)라는 지방이 있는데 이곳은 좋은 곳은 아니다. 이곳이라면 오래도록 차지할 수 있는 곳이다."
손숙오가 죽자 과연 임금은 손숙오를 기려 기름지고 아름다운 땅을 그의 아들에게 내렸다. 하지만 아들은 아버지의 말을 기억하고 그 땅을 사양한 뒤, 침구지방을 받아 대대손손 그곳에서 살 수 있었다.

黃金千兩이 未爲貴요
황금천량   미위귀
得人一語가 勝千金이니라
득인일어   승천금

〈王參政四留銘〉

황금 천 량이 귀한 것이 아니라
남의 한 마디 말을 듣는 것이 천금보다 낫다.

〈왕참정사류명〉

해설

사람을 잘 사귀는 가장 좋은 방법으로 상대방의 말에 귀 기울여 주라는 것이 있다.

자기주장과 의견을 말하기는 좋아하지만 상대의 말을 성의껏 들으려하지 않은 경향이 인간에게는 많다. 그런 결과 인간관계에 실패하고 만다.

남의 한 마디 말을 천금처럼 귀히 듣는 것은 상대의 인격을 존중하는 일인 것이다.

사람은 사람을 통해서 배운다. 그러므로 상대의 말을 정중하게 들을 줄 알아야 한다.

한자풀이

黃(황) : 누르다. 누른 빛. 黃色(황색)
未(미) : 아니다. 아니하다. 未詳(미상)
得(득) : 얻다. 이득. 得失(득실)
語(어) : 말씀. 말. 담화하다. 語學(어학)
勝(승) : 이기다. 낫다.

예 화

  초나라 문왕이 신(申) 땅을 빼앗으려고 마음먹었다.
  신을 침공하려면 이웃 등(鄧)나라를 거쳐 가야 했다. 등나라의 기후는 문왕을 극진히 대접했다.
  이를 보고 기후의 조카들이 반대하고 나섰다.
  "알다시피 문왕은 내 조카다."
  "그건 알고 있습니다. 대접할 일이 아니라 문왕을 죽여야 합니다."
  오히려 제거론을 내세우는 게 아닌가? 기후는 말을 듣지 않았다.
  조카들은 거듭 진언을 했다.
  "오히려 문왕이 등나라를 치게 될 것입니다. 그 날이 멀지 않습니다. 지금 그를 없애지 않는다면 나중에는 배꼽을 물려고 해도 입이 미치지 않는 경우를 당하게 됩니다."
  기후는 단호히 거절했다.
  "내가 조카를 죽인다면 어떻게 될 것인가? 사람들이 나를 상대하지 않을 것이다."
  조카들은 거듭,
  "저희의 말을 듣지 않으시면 등나라 사직이 위태롭게 됩니다."
  주장한 대로 되고 말았다.
  10년 뒤, 초나라 문왕은 등나라를 쳤고, 멸망시켰다.
  역사는 누구의 말을 들었어야 옳았을까?

人義는 盡從貧處斷이요
인의   진종빈처단
世情은 便向有錢家니라
세정   변향유전가

〈王參政四留銘〉

사람의 의리는 모두 가난 때문에 끊어지고,
세상의 정리는 곧 돈 있는 집으로 향한다.

〈왕참정사류명〉

| 해 설 | 권력가의 집 앞은 문전성시(門前成市)를 이룬다. 가난하면 대개 사람들이 멸시를 하고, 그런 관계에서 의리와 정이 두터워질 리 없다.
학창 때 절친했던 친구였지만, 훗날 사회에서의 신분과 귀천이 달라지면서 그 의리도 끊어지는 일이 흔함을 주위에서 얼마든지 볼 수 있다.
그래서 인간이 나쁜 게 아니라 돈이 원수라는 말도 한다. 돈은 생계를 유지하게 해 주기도 하지만 인간관계의 윤활유도 된다.

| 한자풀이 |
從(종) : 좇다. 나아가다
斷(단) : 끊다. 가르다. 斷水(단수)
便(변) : 문득. 소식. 곧. 오줌. 便所(변소)
錢(전) : 돈. 가래. 錢主(전주)
家(가) : 집. 지아비. 家長(가장)

예화

한나라 무제 때의 일화이다.

급암과 정당시는 당시의 벼슬아치였다. 두 사람에게는 공통점이 있었는데, 의퇴를 소중히 여기고 찾아오는 손님을 잘 대접하였다.

그런데 두 사람 다 벼슬에 오르고 내림이 심했다. 그들이 벼슬에서 물러나자 찾아오던 그 많은 사람들의 발길을 끊어졌다. 이런 세태를 두고 사마천은 다음과 같이 평했다.

"급암과 정당시가 어진 사람이긴 했지만, 권세가 있을 때는 손님이 열 배나 찾아들었고, 세력이 없어지고 나자 모두가 떠나 버렸다.

적공(翟公)도 벼슬에 있을 때 찾아오던 사람이 많더니만, 벼슬에서 떠나자 손님들이 뚝 끊겼다. 그래서 문 앞에는 참새 떼가 모여들어 새 잡는 그물을 칠 정도였다(門前雀羅).

다시 적공이 벼슬에 오르자 전처럼 손님들이 모여들었다. 적공은 이런 인간세태를 보고 집 문에다가 다음과 같은 글을 써 붙여 놓았다.

'한번 죽고 한번 사는데서 서로 사귐의 정을 알고
한번 가난하고 한번 부자가 되는 데서
서로의 사귐의 실태를 아는 것이다.
한번 귀하고 한번 천하게 되는 데서 서르 사귐의 정이 나타난다.
참으로 이 얼마나 슬픈 일인가!'"

天不生無祿之人하고
천 불 생 무 록 지 인
地不長無名之草니라
지 불 장 무 명 지 초

〈荀子〉

하늘은 먹을 것 없는 사람을 내지 않고,
땅은 이름 없는 풀을 기르지 않는다.

〈순자〉

| 해설 | 사람은 태어날 때 다 각기 제가 먹을 것을 갖고 태어난다고 한다. 존재의 의미가 없는 것은 없다는 것이다. 저 하찮게 보이는 지렁이도 알고 보면 땅을 비옥하게 하는 미물로서 없어서는 안 된다. 눈에 보이지 않는 보잘것없는 미생물조차도 그 존재의 의미가 있다는 것이다.
그렇기에 각기 인간은 그가 살아갈 재능을 갖고 태어나는데 그것을 발견하고 활용하는 일은 각자 자신의 몫이다. 그 자신만에게 주어진 재능을 발견해 보자.

| 한자풀이 |
　　生(생) : 나다. 살아있다. 生産(생산)
　　祿(록) : 복. 녹봉. 國祿(국록)
　　名(명) : 이름. 귀천 등의 명칭. 名聲(명성)
　　之(지) : 가다. 이(지시대명사)
　　草(초) : 풀. 잡초. 草木(초목)

예화

조선 중종 14년.

보수세력과 신진세력과의 끔찍한 암투로 개혁의 신진세력이 모반의 누명을 쓰고 죽거나 귀향을 가게 된 일이 있다.

조광조, 김안국 등이 개혁세력의 인물들이었는데 특히 김안국은 그 성품이 참 반듯했다.

그가 벼슬을 잃고 고향 여흥으로 돌아갔다.

그의 생활은 검소했고, 무엇 하나 함부로 허비하지 않았다. 곡식을 거둬들이는 일에서도 땅바닥에 쌀 한 톨 떨어뜨리는 일이 없었다.

그의 곡식에 대한 철저한 애정은 그가 한 다음과 같은 말에 나타나 있다.

"하늘이 낸 사물에 쓸모없는 것은 없다. 그러니 함부로 없애거나 낭비하는 것은 옳지 못하다."

세상의 하찮은 풀포기 하나에도 그 쓰임이 있으므로 사람은 애정을 갖고 대해야 한다고 했던 것이다.

인물

순자(荀子) : 성은 순(荀), 이름은 황(況)이다. 조(趙)나라 사람이다. 순경(荀卿)·손경자(孫卿子) 등으로 존칭된다. 《사기(史記)》에 전하는 그의 전기에 의하면 제(齊)나라에 유학(遊學)하고, 진(秦)나라와 조나라에 유세(遊說)하였다. 제나라의 왕건(王建:재위 BC 264~BC 221) 때 다시 제나라로 돌아가 직하(稷下)의 학사(學士) 중 최장로(最長老)로 존경받았다. 훗날 그곳을 떠나 초(楚)나라의 재상 춘신군(春申君)의 천거로 난릉(蘭陵:山東省)의 수령이 되었다. 춘신군이 암살되자(BC 238), 벼슬자리에서 물러나 그 고장에서 문인교육과 저술에 전념하며 여생을 마쳤다.

欲知其其君인대 先視其臣하고
욕 지 기 군　　선 시 기 신
欲識其人인대 先視其友하고
욕 식 기 인　　선 시 기 우
欲知其父인대 先視其子하라
욕 지 기 부　　선 시 기 자
君聖臣忠하고 父慈子孝니라
군 성 신 충　　부 자 자 효

〈王良〉

그 임금을 알고자 하면 먼저 그 신하를 보고,
그 사람됨을 알고자 하면 먼저 그 친구를 보고,
그 아버지를 알고자 하면 먼저 그 아들을 보라.
임금이 거룩하면 신하가 충성스럽고
아버지가 자애로우면 자식이 효도한다.　　〈왕량〉

| 해설 | 배우자를 선택할 때 그 가정을 보면 알 수 있다. 어떤 친구를 사귀고 있는가를 알면 그 사람이 어떤 사람인지 알 수 있다.
　　이렇듯 인간관계는 상호적이어서 서로 영향을 미친다. 따라서 무엇을 알고자 할 때, 그 주변을 보면 알 수 있다는 지혜의 말이다.

| 한자풀이 |
視(시) : 보다. 자세히 살피다. 視線(시선)
識(식) : 알다. 명확히 하다. 識見(식견)
慈(자) : 사랑하다. 慈愛(자애)

때는 후한 말엽이다. 태구의 현령인 진식(陳寔)은 슬하에 두 아들 진기(陳紀)와 진심(陳諶)을 두고 있었다.

하루는 진식이 친구와 함께 외출하기로 하고 기다렸는데 시간이 되어도 나타나지 않자 혼자 외출을 했다.

그런 뒤에야 친구가 나타나 밖에서 놀고 있던 진기에게 아버지가 계시냐고 물었다. 외출하고 안 계신다고 하자, 약속해 놓고 그런 법이 어디 있느냐고 버럭 화를 냈다. 진기는 의아해하며 대답했다.

"손님께서는 정오에 아버님과 만나시기로 약속하셨습니다. 그런데 그 시간을 안 지키셨으니 신의를 어기신 것이 아닙니까? 그런데다 자식을 향해 그 아버지를 욕하는 것은 또한 예의에 어긋남이 아닙니까?"

그 사람은 말이 막혔다. 이 진기가 장가가서 얻은 아들이 진군(陳群)이다. 진심이 장가가서 얻은 아들이 진충(陳忠)이다. 이들 진식의 손자 또한 영특해서 뒷날 벼슬을 하게 된다.

그들이 어린 시절의 이야기다. 사촌끼리 놀면서 각기 자기 아버지의 훌륭함을 자랑하느라고 끝없는 경쟁을 했다. 결론이 나지 않자 할아버지 진식을 찾아가 결정해 줄 것을 요청했다.

할아버지는 어떻게 대답했을까?

"진기를 형이라 하기도 어렵고(難兄), 진심을 동생이라고 하기도 어렵구나(難弟)."

누가 낫고 못한지의 우열을 가리기 어렵다고 대답했던 것이다. 그 사람됨을 보려면 그 자식을 보거나 그 아버지를 보면 알 수 있는 것이다.

悶人之凶하고 樂人之善하며
민 인 지 흉   낙 인 지 선
濟人之急하고 救人之危니라
제 인 지 급   구 인 지 위

〈景行錄〉

남의 흉한 일을 민망하게 생각하고
남의 좋은 일은 즐거워하며,
남의 급함을 건져 주고
남의 위태함을 구조해 주어야 한다. 〈경행록〉

| 해설 | 일본의 지하철에서 한국인 한 청년이 살신성인으로 철로에 뛰어든 일로 일본국민을 감동케 한 일이 있다. 남을 구해 준다는 것은 감동 그 자체인 것이다. 우리나라에서도 어느 지하철 역사에서 철로로 떨어진 아이를 구하고 자신은 한쪽 다리를 잃은 역무원의 이야기가 감동을 불러 일으켰다. 다리를 잃은 그 역무원은 마땅히 할 일을 했다고 말함으로써 더욱 감동을 자아내게 했다.

| 한자풀이 |

悶(민) : 번민하다. 어둡다.
凶(흉) : 흉하다. 재난. 凶家(흉가)
濟(제) : 건너다. 건지다. 濟民(제민)
救(구) : 건지다. 구원하다. 救濟(구제)
危(위) : 위태하다. 위태롭게 하다. 危機(위기)

전한(前漢) 말기.

녹림군(綠林軍)이 봉기하여 불길처럼 번져 갔다. 그들은 대부분 농민들이었다.

왕망이라는 자가 한 왕조를 빼앗아 신(新)나라를 세워 악정을 일삼자 분노했던 것이다.

이때에 무너진 한 왕조의 일족인 유수도 병사를 일으켜 궐기부대가 영양에 이르렀다. 그 지방의 왕대라는 자가 병사들을 데리고 자청하여 합류했다.

이렇게 해서 1만명이 된 유수의 군대는 왕만군과 격돌했다. 상대는 40여만명이었는데도 병력이 적은 유수군이 대승했다

새 황제로 갱시제를 옹립했다. 그런데 언젠가부터 유수는 자신의 신변이 위협받고 있다는 것을 알았다. 출정한다는 명분을 대고 갱시제의 허락을 받아 길을 떠났다.

이때에 왕패도 종군해 그를 따라갔다. 온갖 고난이 따르는 원정이라 이탈하는 병사들이 많았다.

"보아하니 끝까지 나를 따르는 자는 너 뿐이구나. 거센 바람이 불어야 비로소 강한 풀임을 알 수 있다고 했다(疾風知勁草)."

유수가 이렇게 자신을 인정해 준 것을 왕패는 잊지 않았다.

뒷날 호족 왕랑군에 몰려 위기에 처한 유수를 왕패는 목숨을 걸고 구해 주었다.

얼마 뒤 유수는 후한의 황제가 되었다. 유수의 왕패에 대한 신임은 변치 않아 그를 태수로 임명하며 중용했다.

經目之事도 恐未皆眞이어늘
경 목 지 사   공 미 개 진
背後之言을 豈足深信이리오
배 후 지 언   개 족 심 언

〈景行錄〉

눈으로 직접 본 일도 모두 진실이 아닐까 두려운데,
등 뒤에서 하는 말을 어찌 족히 믿을 수 있겠는가.

〈경행록〉

| 해설 |

　　사람의 본성에는 무엇을 잘 믿지 못하는 경향이 있다. 눈으로 보고도 그것이 진실인지 어떤지 알 수 없는 게 세상이다. 하물며 뒤에서 수근거리는 말을 진실이라고 믿을 수 있겠는가.
　　말로 사람을 죽이고 살리기도 한다. 남의 말만 듣고서 사실이라고 믿는다는 것이 얼마나 위험한가. 유명한 오델로라는 셰익스피어의 희곡은 확인하지 않고 믿어버림으로써 사랑하는 이를 잃어버린 비극을 이야기한 대표적 희곡이다.

| 한자풀이 |

目(목) : 눈. 눈여겨보다. 目睹(목도)
恐(공) : 두려워하다. 두려움. 恐怖(공포)
皆(개) : 다. 두루 미치다.
背(배) : 등. 등쪽. 背後(배후)
豈(개) : 어찌. 그

예화

고구려 때.
을파소(乙巴素)가 정승에 오르기 전에 있었던 일이다.
그는 한 때 압록강가에서 농사를 지으며 산 적이 있었다. 마당에 감나무 한 그루를 심어 놓고 정성을 들였다. 그런 어느 날 머슴들을 불렀다.
"얘들아, 내가 오늘 출타했다 올 테니 일에 게으르지 말아라. 특히 열 개만 남긴 감나무를 잘 살펴라."
어린 감나무였다. 을파소가 오래 전 속아내고 남긴 열 개의 감이 탐스럽게 익어 가고 있었다.
머슴 세 사람이 을파소 앞에 고개를 조아려 대답했다.
"말씀대로 하겠습니다."
을파소가 떠나고 나자 머슴 갑이, 을이, 병이 세 사람만 남았다. 그들 중 갑이와 병이는 잔꾀가 많은 머슴들이라 감을 따 먹기로 했다.
"병이야, 너 우물에 가서 물 좀 떠와라. 밭일에 쓰일 물이 제법 많구나."
병이가 물을 떠오는 사이에 갑이와 을이는 각각 감을 두 개씩 따먹었다. 병이가 돌아왔다.
"병이야, 수고했다. 우린 지금부터 들에 나가 일하겠다. 저 감나무를 잘 지켜라."
갑이와 을이는 병이에게 다짐하듯 말하고 괭이와 삽을 들고 나갔다. 병이는 어수룩한 데가 있었다. 갑이와 을이의 말을 곧이곧대로 듣고 감나무를 지켰다.
그때에 머리 위 감나무에 감이 몇 개 달려 있는지 헤아려 보지도 않았다. 네 개가 이미 없어진 것도 모른 채 감나무 아래서 종일 꼼짝 하지 않았다.
　주인이 돌아왔다.
　"이 놈아, 감이 여섯 개밖에 없잖아."
　졸지에 감 4개를 병이가 먹은 것으로 되고 말았다. 그제서야 고개를 들고 헤아려 보았지만 소용없는 일이었다.
　"전 먹지 않았습니다. 줄곧 이곳에서 감나무를 지키고 있었습니다."
　그때에 갑이와 을이가 돌아왔다. 갑이와 을은 을파소의 다그침에 답변은 하나같았다.
　"저흰 종일 밭에 나가서 일하다가 지금 돌아온 길입니다."
　감을 먹지 않은 병이는 이 모든 사실을 눈으로 빤히 보고도 어떻게 할 수가 없었다. 아니라고 해도 믿어 주지 않았다.
　"병이가 먹고 딴 소리를 하는 게 틀림없어요."
　갑이와 을이는 을파소에게 병이의 짓이라고 강변했다.
　을파소는 머슴 셋을 자기 방으로 데리고 들어갔다.
　"재미있는 이야기를 들려줄 테다."
　그렇게 말하고 세 놈이 딴 곳으로 가지 못하게 했다.
　그리고 그날 밤을 자기 방에서 재웠다. 한 발작도 다른 곳에 가지 못하게 했다. 다음 날 아침이 밝았다.
　"너희들 용변은 저기에 보아라."
　하며 마당 한 귀퉁이 정해진 곳에 일을 보게 했다. 을파소의 말에 세 머슴은 아무런 의심 없이 일을 보고 돌아왔다.
　"너희 셋 중 누가 감을 먹었는지 찾아냈다."
　을파소는 갑이와 을이를 지목했다. 그제서야 두 머슴은 딴 소리 못하고 자기들이 한 짓이라고 실토했다.

渴時一適은 如甘露요
갈 시 일 적   여 감 로
醉後添盃는 不如無니라
취 후 첨 배   불 여 무

〈邵康節〉

목 마를 때의 한 방울 물은 감로수와 같고,
취한 후에 잔을 더하는 것은 없느니만 못하다.

〈소강절〉

| 해설 | 배고프면 가릴 것 없이 먹는다. 그래서 배고픔이 곧 반찬이라는 표현도 있다. 모자랄 때의 하나는 크지만, 많을 때의 하나는 아주 적은 것이 된다. 문제는 목마를 때의 갈망을 채우고 나면 그때의 고통을 쉽게 잊어버린다는 데에 있다. 그리고 그 단맛의 생수에 대한 고마움도 잊어버린다.
인간은 편안할 때에는 모르지만 고통이 빠졌을 때에는 세상을 보는 눈이 달라진다. 고통에서 인생의 진리를 깨닫는 자가 되어야 한다.

한자풀이

渴(갈) : 목이 마르다. 渴症(갈증)
露(노) : 이슬. 적시다. 젖다. 甘露(감로)
甘(감) : 달다. 맛이 있다. 甘酒(감주)
添(첨) : 더하다. 보태다. 添削(첨삭)
盃(배) : 잔. 그릇

불교의 거승 원효대사가 크게 깨달은 일화가 있다.

그가 의상대사와 함께 당나라로 가던 중이었다.

날이 저물고 몸은 피곤했다. 마땅히 유할 곳도 없는 황량한 들판에서 밤을 지새우게 되었다.

그 밤 따라 목이 마른 그는 샘터를 찾았지만 막막했다.

그러다가 어느 나무 아래서 표주박 같은 데 담긴 물이 있음을 보고 그것을 마셨다.

아주 단물이었다.

다음날 해가 떠오르고 다시 길을 떠나려 하다가 눈에 띠인 것을 보고 경악했다.

표주박이라 믿고 곁에 두었던 그것이 사실은 사람의 해골이었다.

"아니?"

해골에 담긴 물을 아주 맛있는 생수처럼 마셨던 것이다.

그는 놀라기도 했지만 갑자기 구역질이 났다.

해골에 담긴 썩은 물을 마셨다는 생각을 하자 뱃속의 것을 다 토하고 말았다.

한참을 토악질을 하고 난 원효에게 갑자기 부처가 한 말이 떠올랐다.

"모든 것은 마음이 만들어 내는 것이다."

그는 크게 깨달았다.

모든 것이 마음먹기에 달려 있는 것이다.

어둠 속에서 맛있는 물이라 생각하고 먹었을 때는 아무 이상도 없었다. 멀쩡한 몸이 썩은 물이라고 의심하기 시작하고 더럽게 여기자 사태는 급전한 것을 깨달았다.
"이보게."
원효는 의상을 툭러 말했다.
"내 굳이 당나라에까지 가서 배울 게 없게 됐네. 나, 서라벌로 돌아가겠네."
원효는 신라로 돌아와 크게 깨달은 불도를 펼쳐나갔고 의상은 당나라에 가서 화엄경을 공부하고 돌아왔다.
이 두 거승에 의해 우리나라의 불교는 크게 일어났던 것이다.

알아두기

원효대사—속성 설(薛), 법명 원효, 아명 서당(誓幢)·신당(新幢)이다. 압량(押梁: 慶山郡)에서 태어났다. 설총(薛聰)의 아버지이다. 648년(진덕여왕2) 황룡사(皇龍寺)에서 승려가 되어 수도에 정진하였다. 가산을 불문에 희사, 초개사(初開寺)를 세우고 자기가 태어난 집터에는 사라사(沙羅寺)를 세웠다. 650년(진덕여왕4) 의상(義湘)과 함께 당나라 유학길 중도에 고구려 순찰대에 붙잡혀 실패하였다.

661년 의상과 다시 유학길을 떠나 당항성(唐項城: 南陽)에 이르러 한 고총(古塚)에서 잠을 자다가 잠결에 목이 말라 마신 물이, 날이 새어서 해골에 괸 물이었음을 알고 사물 자체에는 정(淨)도 부정(不淨)도 없고 모든 것은 마음에 달렸음을 대오(大悟)하고 그냥 돌아왔다. 그후 분황사(芬皇寺)에서 독자적으로 통불교(通佛敎: 元曉宗·芬皇宗·海東宗 등으로도 불린다)를 제창, 불교의 대중화에 힘썼다.

器滿則溢하고
기 만 즉 일
人滿則喪이니라
인 만 즉 상

〈說苑〉

그릇이 차면 넘치고,
사람이 차면 잃는다.

〈설원〉

| 해설 | '花無十日紅(화무십일홍)'의 말은 흔히 권력의 무상함을 두고 쓰이곤 한다. '달도 차면 기우나니……' 하고 노랫말도 있다. 꽃도 만발하면 시들 때가 있다는 이러한 이치를 인간의 세계에 적용한 것이다.
명예와 부귀, 권력으로 넘치는 사람에게 언젠가는 그것이 없어지고 사람도 떠나간다는 것을 일러주고 있다. 이러한 세상의 모습에 자신을 비춰 보면서 어떻게 살아야 할지를 배워야 한다.

| 한자풀이 |

器(기) : 그릇. 그릇으로 쓰다. 用器(용기)
滿(만) : 차다. 넉넉하다. 滿月(만월)
則(즉) : 법칙. 곧. 법. 본받다.
溢(일) : 넘치다. 가득하다. 海溢(해일)
喪(상) : 죽다. 잃다. 喪失(상실)

예화

지나치게 많거나 너무 적거나 하면 스스로 기울어지는 그릇, 그러나 알맞게 차면 곧게 설 수 있는 그런 그릇이 있었다.

공자도 이 신기한 그릇에 대해 들어본 적이 있었다.

주나라에 간 공자가 환공의 사당을 둘러보다가 그릇 하나가 눈에 띄었다.

의식에 쓰이는 그릇인데 이상한 생각이 들어 물어보았다.

"늘 곁에 두고 보는 그릇입니다(有坐之器)."

곁에 있던 사당지기의 대답에 공자는 고개를 끄덕였다.

"그렇군요. 나도 들은 적이 있습니다. 이 그릇은 속이 비면 기울어진다지요? 그런가 하면 가득 채우면 엎질러지고, 물이 알맞게 차면 바로 선다고 하더군요."

이러한 그릇을 거기에 둔 것은 마음을 다스리고자 하는 데 있음은 물론이다.

가까이 두고 보면서 그 때마다 다음을 적정선에서 유지하는 데 도움을 받을 수 있는 것이다.

지나치거나 부족하거나 해서 인생이 그릇될 때가 많음을 경계한 것이라 볼 수 있다.

遠水는 不救近火요
원 수   불 구 근 화
遠親은 不如近隣이니라
원 친   불 여 근 린

〈益智書〉

멀리 있는 물은 가까운 곳의 불을 끄지 못하고,
멀리 있는 친척은 가까운 이웃만 같지 못하다.

〈익지서〉

| 해설 |

　　가까움에도 거리적 가까움과 심리적 가까움이 있다. 가까움이란 그것의 유용성과도 관련이 있다. 그 유용성은 도움이라는 기능으로 쓰여야 한다. 누군가 도움을 줘야 할 때 기꺼이 손과 발이 되어 주어야 하는 것이다.
　　아무리 유용한 것이라도 손에 닿을 수 없이 먼 곳에 있다면 쓸모가 없다. 인간관계에 있어서도 필요할 때 도움이 되는 사람이 되어야 한다. 필요할 때 아무런 도움이 되지 않는다면 무슨 소용이 있겠는가!

| 한자풀이 |

　遠(원) : 멀다. 아득하다. 遠近(원근)
　近(근) : 가깝다. 닮다. 近似(근사)
　親(친) : 친하다. 가까이 하다. 親戚(친척)
　隣(린) : 가깝다. 隣近(인근)

장자는 가난하게 살았다. 구속받지 않고 자유롭게 살겠다는 일념 하나로 평생을 지냈다.

어느 날 먹을 것이 떨어져 친구를 찾아갔다.

"여보게. 쌀 좀 꿔 줘야겠네."

친구 김하후(金河侯)는 거절하기 곤란해 우선 자리에 앉기를 권했다.

"그래, 꿔주기 어렵지 않네. 그런데 말일세."

김하후는 핑계를 대지 않을 수 없었다.

"2, 3일 후면 영지에서 세금이 들어온다네. 그때 3백금쯤 빌려 주겠네. 그래도 괜찮겠는가?"

장자는 안색이 변했다. 그러나 말했다.

"어제 이리로 오던 길이었지. 누군가 나를 부르기에 돌아다 보니 수레바퀴 자국 속에 한 마리 붕어가 있었네. 왜 불렀느냐고 붕어에게 물으니, 물이 다 잦아들어 죽게 되었으니 물 좀 달라는 거였네."

거기까지 말하고 안색을 고쳐 장자는 계속했다.

"그거야 어려운 일이 아니지. 지금 2, 3일간 남방에 갔다 올 일이 있으니 그때 오는 길에 강물을 가득 길어다가 부어 줄 테니 기다려 주면 어떨까? 라고 말해 주었네."

붕어는 화를 내며 낯빛이 변하여,

"지금 물을 약간만 주면 살 수 있는 일인데 기다리라니! 차라리 나를 건어물 가게로 데려가요. 그게 더 낫단 말예요."

하더라고 장자는 글을 맺었다.

酒色財氣四堵墻에 多少賢愚在內廂이라
주 색 재 기 사 도 장   다 소 현 우 재 내 상
若有世人이 跳得出이면
약 유 세 인   도 득 출
便是神仙不死方이니라
변 시 신 선 불 사 방

〈性理書〉

술과 여색과 재물과 기운의 네 가지로 쌓은 담장 안에 수많은 어진 사람과 어리석은 사람이 그 행랑에 들어 있다. 만약 세상 사람들 중에(이곳을) 탈출해 나올 수 있다면 곧 이것이 신선이 되어 죽지 않는 방법이다.   〈성리서〉

| 해설 | 술과 이성과 돈과 혈기, 이 네 가지는 왜 세상에 있는 것일까? 술과 섹스로 얼룩지는 세상의 모습, 돈을 좇아 매몰차게 돌아가는 세상, 혈기 부리다가 패가망신하는 일들이 벌어지고 있다.
젊은 날부터 이 네 가지에 대한 자기 절제와 통제를 잘할 수 있다면 성공적인 인생을 살 수 있는 것이다.

| 한자풀이 |

堵(도) : 담. 담장
廂(상) : 행랑. 결간
跳(도) : 뛰다. 달아나다. 跳躍(도약)
神(신) : 귀신. 정신. 혼. 神通(신통)

예화

　신라의 김유신 장군이 한 때 기녀 천관(天官)에게 마음을 빼앗겨 사귄 일이 있었다. 매일 그녀의 집을 찾았다.
　그의 어머니가 이를 알았다. 나라의 큰 일꾼이 되겠다는 아들이 하는 짓이 방종으로 흘러가게 내버려 둘 수 없다.
　"네가 겨집 하나에 빠져 이래도 되느냐. 큰 인물이 되겠다면, 또 가문을 생각한다면 네가 어떻게 해야겠느냐?"
　듣고 있던 김유신은 잠시 후 입을 열었다.
　"더 이상 그 여자의 집에 발을 들여놓지 않겠습니다."
　말대로 그는 결심한 의지를 실천해 나갔다.
　그날도 종일 무예를 닦으며 해가 저물어 집으로 돌아오고 있었다. 피곤했던 몸이라 마상에서 설핏 잠이 들었다.
　그가 눈을 떠 정신이 들었을 때, 깜짝 놀랐다. 말은 기녀 천관의 집으로 들어서고 있었다. 말이 전에 하던 습관을 따라 저 혼자 천관의 집으로 왔던 것이다. 그것을 알 리 없는 천관은 자신을 찾아온 것이 반가와 뛰쳐나갔다.
　하지만 김유신은 반가움이고 뭐고 따질 겨를이 없었다. 세찬 마음의 격동은 지금의 상황이 잘못됐다는 생각뿐이었다. 그는 칼을 뽑았다. 가차 없이 말의 목을 치견서 부르짖었다.
　"이 무엄한 놈아, 네가 내 마음도 모르고 이리로 왔구나. 더 이상 나는 사사로운 애정에 빠질 수 없다. 나라를 위해 바친 몸이 아닌가!"
　기녀 천관의 집 앞을 돌아서 떠나가는 김유신의 등에는 칼날 같은 의지가 어른거렸다.

다스림에 대한 글들을 모았다.
즉 정사와 관리의 올바른 자세에
대해서 설명하고 있다.
정치는 바로잡는 것이라고 했으므로
먼저 자신이 바른 사람이어야
다스릴 수 있다고 가르치고 있다.

치정편

治 政 篇

上有麾之하고 中有乘之하고 下有附之하여
상유휘지   중유승지   하유부지
幣帛衣之요 倉廩食之하니
폐백의지   창름식지
爾俸爾祿이 民膏民脂니라
이봉이록   민고민지
下民은 易虐이어니와 上天은 難欺니라
하민   이학   상천   난기
〈唐太宗御製〉

위에 지휘하는 사람이 있고, 중간에 이를 다스리는 사람이 있으며, 아래에는 이를 따르는 사람이 있다.
예물로 받은 비단으로 옷을 지어 입고, 곳간의 곡식으로 밥을 해 먹으니 너의 봉급과 너의 녹은 백성들의 기름이요, 백성들의 비계다. 아래에 있는 백성들은 학대하기 쉽지만, 위에 있는 푸른 하늘은 속이기 어렵다.〈당태종어제〉

| 해설 | 동서양의 일관된 이상정치는 백성을 따뜻하게 해 주어야 한다는 데에서 일치한다. 따뜻함이란 의식주가 넉넉하여야 한다는 것이다. 다스리는 자나 다스림을 받는 자나 진실되어야 한다.

| 한자풀이 |
麾(휘) : 지휘하다. 부르다. 지휘
俸(봉) : 녹. 봉급. 급료. 俸給(봉급)
膏(고) : 살찌다. 기름.

 예화

공자 때 이야기다.

길을 떠난 공자가 제자들을 데리고 태산의 한적한 마을을 지나가고 있을 때였다.

어디선가 구슬프게 우는 여인네의 곡소리가 있어 둘러보니 길가의 무덤 곁에 있는 한 여인이 눈에 띄었다.

공자는 자로를 시켜 사정을 알아보게 했다.

자로가 다가가 물었더니 여인은 이렇게 대답했다.

"저는 여러 차례 불행을 만난 여인입니다. 전에 시아버님이 호랑이에 물려 죽으시더니, 이번에도 제 남편이 똑같은 화를 당하셨습니다. 그런데다가 제 아들마저 또 호랑이에게 물려 죽었습니다."

"호랑이가 들끓는 무서운 곳이라면 이곳을 떠나시지 왜 그대로 계셨습니까?"

여인네가 다시 대답했다.

"이곳에는 가혹한 정치가 없는 곳입니다."

공자는 여인네의 말에 충격을 받았다.

제자들을 불러 가르쳤다.

"가혹한 정치는 호랑이보다 무섭구나. 그러니 너희들도 마음에 새겨 두어라."

비록 호랑이가 득실거리지만, 무거운 세금도 물리지 않고 포악한 정치도 없는 곳이 살기가 좋은 곳이라는 여인네의 말은 오래오래 공자의 마음에서 떠날 줄 몰랐다.

當官之法이 唯有三事하니
당 관 지 법   유 유 삼 사
曰淸曰愼曰勤이라 知此三者면
왈 청 왈 신 왈 근   지 차 삼 자
則知所以持身矣니라
즉 지 소 이 지 신 의

〈童蒙訓〉

관리된 자가 지켜야 할 법이 오직 세 가지가 있으니, 깨끗함과 신중함과 근면함이다.
이 세 가지를 알면 그로써 몸 가질 바를 알게 된다

〈동몽훈〉

| 해설 | 유산성 음식은 썩혀 먹는 식품으로 김치나 된장, 야쿠르트 류가 그런 것이다. 이러한 것은 사람에게 유익한 요소가 있기 때문이다.
그러나 인간의 정신은 썩어서는 안 된다. 성인들은 말해 왔다. 가장 부패한 것이 인간의 마음이라고 했다. 그래서 자기 몸과 마음을 깨끗이 하고, 신중을 기해야 하며, 근면하게 살아야 한다고 가르쳤다.

| 한자풀이 |

淸(청) : 맑다. 빛이 선명하다. 淸潔(청결)
愼(신) : 삼가다. 진실로. 愼重(신중)
勤(근) : 부지런하다. 일. 勤勉(근면)
持(지) : 가지다. 보존하다. 持續(지속)
身(신) : 몸. 신체. 몸소. 친히. 身體(신체)

광주 태수 양일(㬥逸)이 죽자 모두가 슬퍼했다. 시골 구석 어디에서도 그를 애도하지 않는 백성이 없었다.

"참으로 아까운 사람이 죽었구나."

양일의 나이 32살이었다.

그에게는 미담의 일화가 많았다.

3년 전, 심한 기근이 들어 굶어 죽어 가는 자들이 속출했다. 곡물 창고를 열어 식량을 배급하려고 했다. 하지만 관리들이 조정의 허락이 없다며 열지 않았다.

"무슨 소린가! 백성이 먹을 것이 없어 고통 받는데 이런 일이 있을 수 없다. 문책이 있게 된다면 내가 대신 받겠다."

그런 뒤 일양은 조정에 보고했다.

"일양은 잘못을 저질렀다. 문책하야 한다."

"백성을 먼저 생각한 일은 잘한 것이다."

비난과 찬성으로 양립한 가운데 황제는 일양의 조치를 칭찬했다. 황제의 인정까지 받은 일양은 관원과 병사들이 민폐를 끼치지 않도록 양식을 휴대하게 했고, 백성을 괴롭힌 관리는 엄중히 다스렸다. 분위기는 일신되고 관원이나 병사들은 사람들에게 음식 한 그릇 대접받기를 사양했다.

"우리의 태수는 눈이 천리안이라 도저히 속일 수 없다."

양일의 백성을 생각하는 지도력이 이렇듯 속속 스며들었던 것이다. 하지만 양일은 황제위를 노리는 일당의 미움을 받아 죽임을 당하고 말았다.

사람들은 제단을 마련하고, 30일이 넘도록 향불을 끄지 않았다. 그리고 꽃을 바쳐 명복을 빌었다.

事君을 如事親하며 事官長을 如事兄하며
사 군   여 사 친   사 관 장   여 사 형
如同僚를 如家人하며 愛百姓을 如妻子하며
여 동 료   여 가 인   애 백 성   여 처 자
處官事를 如家事然後에 能盡吾之心이니
처 관 사   여 가 사 연 후   능 진 오 지 심
如有毫末不至면 皆吾心에 有所未盡也니라
여 유 호 말 부 지   개 오 심   유 소 미 진 야
〈童蒙訓〉

임금 섬기기를 어버이 섬기듯 하며 윗사람 섬기기를 형을 섬기듯 하며 동료를 대하기를 집안 사람같이 하며 여러 관리들 대하기를 자기집 하인같이 하며 백성을 사랑하기를 처자식 같이 하며, 나라일 처리하기를 자기 집일 같이 한 다음에야 능히 나의 마음을 다했다고 할 수 있으니 만약 털끝만큼이라도 이르지 못함이 있으면 모두 나의 마음에 다하지 못함이 있기 때문이다. 〈동몽훈〉

| 해설 | 섬긴다는 것은 소중한 덕목으로 일러왔다. 네 이웃을 네 몸과 같이 사랑하라는 말도 그 실천으로 섬김을 기반으로 하고 있다. 마음을 다하는 진정성을 가졌을 때 최선을 다했다고 할 수 있다.

| 한자풀이 |
僚(료) : 동료. 벼슬아치.
處(처) : 살다. 처리하다. 處理(처리)
毫(호) : 가는 털. 조금. 豪釐(호리)

예화

조선 때의 재상 맹사성은 백성을 생각하는 마음과 실천으로 많은 일화를 남긴 사람이다.

그는 말년에 관직에서 떠나 고향에 묻혀 살았다.

하루는 그 향 온양에 사또가 새로 부임해 왔다. 전부터도 그의 덕망을 높이 보고 부임해 오는 관리들이 찾아오곤 했었다.

그날 맹사성은 밭에서 일을 하고 있었다. 사또 일행이 찾아왔는데도 밭에서 나오지 않고 그는 일에만 열중했다. 그러자 사또 일행은 보다 못해 밭으로 들어가 일을 함께 했다.

그날의 하루가 그렇게 저물자 비로소 맹사성은 손을 털고 밭에서 나왔다. 그런 뒤 사또 일행에게 상을 차려 막걸리를 대접하며 환담을 나눴다.

사또가 물었다.

"저를 푸대접하시려고 그러셨던 것입니까?"

"아닐세. 다른 뜻이 있었다네."

그러면서 맹사성은 사또를 대한 자신의 태도에 더해 말해 주었다.

"뜨거운 태양 아래서 땀 흘려 일해 보지 않고는 백성이 어떤 수고를 하고 있는지 알지 못하네. 찾아와 준 건 고맙네만, 같이 땀 흘린 일이 백성을 다스리고 선정을 베푸는데 조금이라도 도움이 된다면 그것만큼 기쁜 일은 없소이다."

사또는 감동했다.

은퇴해 조용히 살면서도 맹사성은 늙은 몸으로 백성 사랑의 실천을 보인 것이었다.

迎斧鉞而正諫하며 據鼎鑊而盡言이면
영 부 월 이 정 간　　거 정 확 이 진 언
此謂忠臣也니라
차 위 충 신 야

〈抱朴子〉

도끼로 맞더라도 바른 말로 간하며
솥에 삶기더라도 바른 말을 다하면
이를 일러 충신이라고 한다.

〈포박자〉

| 해 설 | 바른 말을 해도 역적으로 몰리지 않는 나라가 있다면 바로 그런 나라가 백성을 위하는 나라일 것이다.
　　최고의 권력자는 권력에 도취되어 자신이 잘못을 저질러도 깨닫지 못한다. 그것을 깨우쳐 주는 것은 오직 충신뿐이다.
　　사람은 남에게서 비평의 소리를 듣기 싫어한다. 그러나 바른 인생을 살아가려면 타인의 쓴 소리도 들을 줄 알아야 한다.

| 한자풀이 |
　斧(부) : 도끼. 베다
　諫(간) : 간하다. 간하는 말
　謂(위) : 이르다. 설명하다.
　忠(충) : 충성. 진심. 진실. 忠誠(충성)

"공자의 위패가 저추장스럽다!"

연산군은 소리쳤다. 그날로 성균관에 있는 공자의 위패가 치워졌다. 그 빈자리는 노는 곳으로 대치되었다.

"잘 생긴 여자라면 다 들여보내라!"

연산군은 이제 악을 쓰며 소리치지 않아도 되었다.

채홍사라는 직책을 둔 부서까지 마련되어 있어서 연산군에게 전국의 예쁜 여자들을 갖다 바쳤다.

3천으로도 모자라는 대량의 여자들이 궁녀의 이름으로 들어와 연산군의 정욕에 짓밟혔다.

하루도 주지육림 속에 살지 않는 날이 없었다. 보다 못해 충직한 신하 김치선이 연산군 앞에 나아가 조아렸다.

"늙은 이 신하는 임금님 네 분을 그간 모셨습니다. 고금의 역사와 경서를 보아도 전하만큼 방탕한 임금은 없으셨습니다."

듣다 만 연산군은 부르르 떨며 소리쳤다.

"환관 주제에 무엄하다!"

그의 손이 어느 새 활을 낚아채 시위를 당겼다. 활을 맞은 김치선은 가슴에서 피를 뿜었다.

그래도 하던 말을 계속 잇고 있었다.

"천한 이 몸, 세상에 무슨 낙을 바라 살아왔겠습니까? 오직 전하를 모시며 나라를 위한 마음일 뿐, 죽음이 두렵지 않습니다. 조정의 신하들 또한 죽음을 두려워하고 있지 않음을 아셔야 합니다."

화살이 되어 연산군의 가슴에 박혀 들어가는 말이었다. 말한마디가 나올 때마다 반사적으로 연산군은 칼을 치켜들었다. 다리를 치고 팔을 잘랐다.

이윽고 김치선이 숨 넘어 가는 소리를 하자 동강난 몸통을 호랑이 밥으로 던져 주었다.

어이없게도 연산군의 입에서는 시 한 수가 흘러나왔다.

나, 잔악하기 이를 데 없는 몸이라 하지만
비천한 내시가 나 임금에게 덤빌 줄이야.
부끄럽고 통분한 마음은
창랑수 깨끗한 물에 씻어도 안 지워지리.

포악한 연산군이었다.
그런 그에게 간했던 충신이 어디 김치선 한 사람이었던가! 마침내 그는 중종반정(中宗反正)으로 폐위되었다.

서책

당태종어제(唐太宗御製) : 당나라 2대째 임금이 태종이다. 그의 이름은 이세민. 그는 당나라의 실질적인 건설자이기도 하다. 어진 정치를 펼친 훌륭한 임금으로 그의 치세를 가리켜 정관(正觀)의 치(治)라고 한다. 당태종어제는 그가 직접 지은 글이다.

가정이 어떠해야 함에 대한
글들을 모았다.
한 가정이 바로 되려면
어떠해야 하고
가정의 중심이 물질이 아니라
먼저 바른 마음자세에 있음을 가르치고 있다.

치가편

治 家 篇

觀朝夕之早晏하여
관 조 석 지 조 안
可以卜人家之興替니라
가 이 복 인 가 지 흥 체

〈景行錄〉

아침과 저녁밥의 이르고 늦음을 보면
가히 그 사람의 집이 흥한지 망한지를 점칠 수 있다.

〈경행록〉

| 해설 | 일찍 일어나는 새가 먹이를 먼저 얻는다는 말은 이치가 있는 것이고 또 사실이다.
'아침형 인간'이라는 책이 베스트셀러가 된 적도 있다. 새벽 일찍 일어나 하루를 시작하며 시간 관리를 잘하는 사람이 성공한다는 것은 고금의 진리로 통한다. 부지런하다는 것은 부산을 떠는 것이 아니라 아침과 저녁이 분명하고, 그 시간의 쓰임에 낭비가 없는 것을 말한다. 부지런한 사람 치고 가난하게 사는 사람은 없다

| 한자풀이 |
觀(관) : 보다. 나타내 보이다. 觀望(관망)
晏(안) : 늦다. 편안하다.
卜(복) : 점. 점치다. 卜占(복점)
興(흥) : 일어나다. 창성하다. 興亡(흥망)
替(체) : 쇠퇴하다. 폐하다.

예화

현감이라면 한 고을의 높은 벼슬아치다.

많은 사람이 찾아와 인사를 하고 청탁을 받는 자리이기도 하다.

한번은 현감을 만날 일이 있어 아침 일찍 현감의 집을 찾아 온 이가 있었다. 하인은.

"기다리셔야겠습니다."

한마디 하고 사라진 뒤 아무리 기다려도 나오는 이 없었다. 어느덧 해가 떠올라 관청의 업무가 시작되는 뿔피리 소리가 들려왔다.

그제서야 현감의 기척이 들려왔다. 그것도 세숫물을 들여보 내라는 소리였다.

"그럼 이제야 일어났다는 말인가?"

찾아온 이는 의아하게 생각하지 않을 수 없었다.

해는 중천에 떠오르고 때는 점심에 가까워 왔다.

그제서야 현감의 출근이 시작되고 있었다. 현감은 대문을 나서 관청으로 향하면서도 찾아온 이를 거들떠보지도 않았다.

찾아온 이는 떨떠름한 느낌이었다.

고개를 갸웃거리며 떠나갔다.

얼마 있지 않아 현감은 벼슬에서 쫓겨 났다는 소식이 들려 왔다.

婚娶而論財는 夷虜之道也니라
혼 취 이 논 재   이 로 지 도 야

〈文仲子〉

혼인하고 장가드는 데에
재물을 논하는 것은 오랑캐의 일이다.

〈문중자〉

| 해 설 |

사람에게는 어리석은 것도 많지만, 그 중에서 한쪽밖에 보지 못한다는 것도 어리석음의 일종이다. 편협된 생각은 파국을 불러일으키는 것이다.
　남녀의 혼인이 이뤄지기 위해서 가장 먼저 봐야 할 것이 무엇인가? 만일 재물을 으뜸으로 쳐서 그것이 결혼조건이라면 과연 잘 살 수 있을까? 부귀를 보고 이뤄진 결혼치고 잘 사는 부부가 없는 게 세상의 돌아가는 모습이다.
　예나 지금이나 인간사 대사인 결혼은 재물을 보지 말고 두 남녀가 장차 잘 살아갈 수 있는 가능성에서 찾아야 한다고 한다.

| 한자풀이 |

婚(혼) : 혼인하다. 아내의 친정. 婚需(혼수)
娶(취) : 장가를 들다. 아내를 맞다.
財(재) : 재물. 재료. 재주. 財産(재산)
夷(이) : 오랑캐
虜(로) : 포로. 사로잡다. 종. 하인. 捕虜(포로)

예화

예부터 혼인에 대한 많은 교훈이 있었다. 그 중 사마광(司馬光)이 한 말은 오늘날에도 귀담아 둘 필요가 있다.

그는 혼인에서 다뤄야 할 첫 번으로 사위와 며느리가 될 사람의 가정교육과 품행이었다. 그는 시집 장가 갈 당사자의 집안 부귀를 따지지 않았다.

그 이유는 사위될 사람에게 중요한 것은 현명하여야 한다는 데 있었다. 지금은 낮고 가난해도 장차 부귀해질 수 있으면 된다고 했다.

"지금 부귀하다고 해서 언제까지나 가는 게 아니고 뒷날 빈천해질 수 있는 게 인간사의 일이다."

그렇게 말했던 것이다.

며느리에 대해서는 집안의 흥하고 쇠해지는 것이 여자의 손에 달려 있다고 보았다. 그는 말하기를,

"부귀를 따져서 결혼을 한다면 여자는 그 부귀에 의지해 남편을 가볍게 여길지 모른다. 그 뿐만 아니라 시부모에게도 버릇없게 굴게 되고 교만해질지도 모른다.

그러한 결혼은 후일에 근심거리가 된다고 말했다.

그는 사내가 여자의 부귀를 의지해서 장가를 든다면 장부로서 올바른 뜻과 기상을 갖지 못했다고 질타했다.

"부끄러운 일이다. 남자가 여자에게 의지한다는 것은!"

그러므로 장차 잘 살아갈 수 있는 가능성과 희망으로 본 관점에서 서로가 맺어져야 한다고 했다.

인간관계의 의(義)와 예(禮)에
대한 글들을 모았다.
혈족관계나 지인관계 및 이웃에 다해서
어떤 자세로 임하고 관계를 이어가며
존중하며 살아가야 하는가에 대하서
그 본분을 가르치고 있다.

안의편 · 준례편

安義篇 · 遵禮篇

兄弟는 爲手足하고 夫婦는 爲衣服이니
형제   위수족   부부   위의복
衣服破時엔 更得新이어니와
의복파시   갱득신
手足斷處엔 難可續이니라
수족단처   난가속
〈莊子〉

형제는 수족과 같고 부부는 의복과 같으니
의복이 떨어졌을 때에는 다시 새것을 입을 수 있지만,
수족이 끊어진 곳은 잇기가 어렵다.
〈장자〉

| 해설 | 재산 싸움으로 형제가 갈라서는 일이 많아지고 있다. 물질만능주의 사상에 물들면서 이런 일이 허다해 지고 있는 것을 생각한다면 장자가 왜 이런 말을 했겠는가.
한 뿌리와 나무에서 생겨난 형제들이 뿌리가 잘리고 가지에서 잘려나간다면 결국은 말라 비틀어지는 것밖에 없다. 서로가 반목하고 질시한다면 그 후손이 잘 될 리가 없다.

| 한자풀이 |
手(수) : 손. 사람. 힘. 手匣(수갑)
足(족) : 발. 뿌리. 근본. 가다. 足球(족구)
破(파) : 깨뜨리다. 풀어 떨어지다. 破壞(파괴)
更(갱) : 다시. 재차. 更新(갱신)
續(속) : 잇다. 이어지다. 續篇(속편)

예화

반란에 실패한 형이 다른 나라로 도망친 일을 보고 그 동생이 걱정하지 않을 수 없었다.

형은 결국 죽게 될 것이라고 생각한 동생은 탄식했다.

"사람들은 다 형제가 있는데, 나만 없구나."

이 말을 들은 공자의 제자 자하가,

"내가 듣기에 이런 말이 있소.

'죽고 사는 데에는 명(命)이 있는 것이고, 부귀라는 것은 하늘에 달려 있다. 군자가 항시 경건을 다하여 잘못이 없고, 다른 사람에게는 공손을 갖춰 예의가 있다면, 사해의 안이 모두가 형제가 된다'

그러므로 군자가 어찌 형제가 없다는 걸 가지고 근심하겠소."

그렇다.

넓은 의미로 보면 우리 모두는 인간이라는 한 형제의 울타리 안에 있는 것이다.

고사성어

四海兄弟(사해형제)

세상의 사람들이 모두 형제다. 사해란 세상을 뜻한다. 세상 사람들이 형제처럼 지내야 한다는 뜻으로 쓰인다.

富不親兮貧不疎는 此是人間大丈夫요
부불 친혜 빈불 소   차 시 인 간 대 장 부
富則進兮貧則退는 此是人間眞小輩니라
부 즉 진 혜 빈 즉 퇴   차 시 인 간 진 소 배
〈蘇東坡〉

부유하다고 친하지 않으며, 가난하다고 멀리하지 않으면,
이것이 바로 인간의 대장부요,
부유하면 가까이 하고 가난하다고 멀리하면,
이것이 바로 인간의 진짜 소인배이다.   〈소동파〉

해설 대장부와 소인배의 차이를 인격과 물질을 대하는 차이에서 말해 주고 있는 글이다. 물질을 쫓는 것이 소인배, 인격을 찾는 것이 대장부라고 한 것이다. 물질이 나쁜 것은 아니다. 물질을 다루는 인간과 이기에 빠짐으로 그것이 불러일으키는 파탄이 문제인 것이다. 부자를 가까이 하고 가난한 자를 경멸한다면, 이해타산에 약삭빠른 사람이기에 소인배라고 한 것이다.

한자풀이

此(차) : 이. 이것
進(진) : 나아가다. 힘쓰다.
退(퇴) : 물러나다. 피하다. 退物(퇴물)
輩(배) : 무리. 동류. 同年輩(동년배)
眞(진) : 참. 생긴 그대로. 眞實(진실)

후한의 황제 광무제는 호양공주라는 손위 누이를 두고 있었다. 남편과 사별한 뒤, 외롭게 살아가는 공주였다. 그런 누이가 은근히 재상 송홍(宋弘)에게 연정을 품고 있었다.
어느 날 오누이가 마주앉은 자리에서 광무제가,
"누님 보시기에 신하들 중에 어떤 인물이 마음에 드시는지요?"
물음에 공주는 송홍을 지목하며 대답했다.
"의연한 풍모도 좋거니와 덕행과 인품이 뛰어난 분이라 생각해요."
"알겠습니다. 어떻게 해 보겠습니다."
하루는 날을 잡아 주연상을 차려 놓은 다음 송홍을 불러들였다. 광무제 뒤로는 큼직한 병풍이 둘러쳐져 있었고 주안상 건너편에 송홍이 앉았다. 광무제가 속담 하나를 꺼냈다.
"높은 지위에 오르면 사귐을 바꾸고, 부자가 되면 아내를 바꾼다는 말이 있습니다."
"그렇습니다만?"
"그게 인지상정이 아니겠소?"
송홍이 대답했다.
"아닙니다. 가난하고 비천한 때의 사귐을 잊지 말아야 하고, 거친 음식을 함께 먹으며 고생한 아내(糟糠之妻)를 집에서 쫓아내면 안 된다고 들었습니다. 이것이 옳다고 생각합니다."
광무제는 더 이상 물어볼 게 없었다. 송홍이 물러갔다. 병풍이 흔들리고 그 뒤에서 호양공주가 나왔다. 두 오누이는 송홍이 나간 방문을 바라보며 아무 말도 못했다.

君子이 有勇而無禮면 爲亂하고
군자   유용이무례   위난
小人이 有勇而無禮면 爲盜니라
소인   유용이무례   위도
〈孔子〉

군자가 용기만 있고 예의가 없으면 난을 일으키고
소인이 용기만 있고 예의가 없으면 도적이 된다.
〈공자〉

| 해설 | 용기를 어떻게 사용할 것인가에 관한 것이다.
　　　도둑질을 하려면 용기가 있어야 한다. 그런데 그가 만일 예의를 알았다면 도둑질을 하지 않았을 것이다.
　　　나라를 뒤엎은 역적이 있었다. 그의 용기는 대단했지만, 예의를 알았다면 백성을 죽여 가면서까지 나라를 뒤엎는 용기를 부리지 않았을 것이다. 용기는 인간에서 필요한 것이지만, 잘못된 용기는 일을 그르친다는 것을 경계한 말이다. 잘못된 용기란 예의를 갖추지 않은 것을 말한다.

| 한자풀이 |
勇(용) : 날쌔다. 결단력이 있다. 勇斷(용단)
亂(난) : 어지럽다. 亂離(난리)
禮(예) : 예도. 경의를 표하다.
無(무) : 없다. 허무(虛無)의 도. 말라. 無謀(무모)
盜(도) : 훔치다. 밀통하다. 盜賊(도적)

예화

　공자가 가장 사랑했던 제자는 안회와 자로 두 사람이었다. 이름이 알려진 지자만도 70여명 중에서 이들이 공자의 관심을 끌었던 것은 무엇일까?
　자로는 본래 동자를 만나기 전에는 불량배나 다름없었다. 공자의 평판이 자자하자 자로는,
　"뭐가 잘난 자인지 골탕이나 먹여 주자."
　하고 찾아갔다가 공자의 인품에 압도되어 자진해 제자가 된 자였다.
　"자로, 자네는 무용에는 뛰어났지만 학문을 소홀히 하는 군."
　책망을 듣기도 했지만 일편단심 스승을 경애했고, 열심을 다했다.
　어느 날 공자는 안회와 대화를 나누었다. 무슨 말 끝에 안회가 공자에게 질문했다.
　"선생님께서 한 나라의 군대를 지휘하는 입장이 되신다면 어떤 인간을 의지하시렵니까?"
　"바로 자로 너다."
　라는 대답이 나오리라고 기대했던 자로는 그 생각을 거두어야 했다.
　"범에게 맨주격으로 달려들고 걸어서 강을 건너려고 하는 자처럼 죽음을 두려워하지 않는 사람과는 함께 하고 싶지 않다. 겁이 많을 정도로 신중을 기하며, 용의주도한 사람이 오히려 믿음직하게 여겨진다."

出門에 如見大賓하고
출문　여견 대빈
入室에 如有人이니라
입실　여유 인

〈曾子〉

문을 나서면 큰 손님을 대하는 것 같이 하고,
방에 들어오면 사람이 있는 것처럼 하라.

〈증자〉

| 해설 | '낮에 하는 말은 새가 듣고 밤에 하는 말은 쥐가 듣는다' 라는 말을 연상케 한다.
그 어디에 있더라도 떳떳하고 부끄러움이 없이 하라는 것이다.
혼자 있을 때의 그 사람의 사는 모습을 보면 그 인간을 알 수 있다는 말이 바로 이것을 두고 하는 말이다.
혼자 있을 때 스스로를 더 바르게 해야 하는 것이다. 왜 그런가? 인간은 한번 흐트러지면 그것이 그대로 드러나고 말기 때문이다.

| 한자풀이 |

大(대) : 크다. 넓다. 두루. 大道(대도)
賓(빈) : 손. 손님. 賓客(빈객)
室(실) : 집. 방. 室內(실내)
如(여) : 같다. 같게 하다. 따르다.
有(유) : 있다. 존재하다. 많다. 넉넉하다. 有力(유력)

"새참을 가져 왔습니다. 드시지요."
아내의 말이었다. 새참을 받아든 남편이,
"고맙소. 새참을 마련해 가져오느라 수고가 많았습니다."
정중하게 말하며 아내를 대하는 게 아닌가.
밭에서 이렇게 하고 있는 부부를 때마침 지나가던 구계라는 벼슬아치가 보고 의아히 생각하며 바라보았다.
구계는 지금 임금의 명을 받아 기(冀)라는 고을을 지나고 있던 참이었다. 참으로 진기한 일이라 생각하며 구계는 그들 부부를 만나 보았다.
그리하여 구계는 서로 공경해 마지않는 이 부부를 데리고 진문공을 만나 천거하기를,
"공경은 덕목이며, 덕이 모여서 되는 것입니다. 백성을 다스린다는 것은 덕으로 하는 것이기에 이렇게 덕이 있는 사람이라면 등용해 쓰심이 좋으실 것입니다."
그러면서 구계는 덧붙여 말했다.
"문을 나서면 큰 손님을 대하는 것 같이 하고, 일을 처리함에 있어서는 제사를 지내듯 신중히 하는 것을 일러 인(仁)의 법도가 아니겠습니까?"
진문공은 구계의 청을 받아들였다.
이렇게 해서 하군대부의 벼슬에 오른 사람이 바로 각결이라는 사람이다.
아내 대하기를 손님 대하듯 했던 사람이었다.
중국 춘추 전국 시대 때의 일화이다.

若要人重我인대 無過我重人이니라
약 요 인 중 아　　무 과 아 중 인

〈曾子〉

만약 남이 나를 중하게 여기기를 바라거든,
내가 먼저 남을 중히 여겨야 한다.

〈증자〉

| 해설 |

"대접받고자 하면 먼저 대접하라."
"사랑받고자 하면 먼저 사랑하라."
"갖고 싶은 것이 있으면 먼저 주라."
이런 것을 가리켜 황금률이라고 한다.
그런데 '먼저'라는 것에 대해서 인간은 망설인다. 왜? 무엇 때문일까?
내가 바라는 것을 드러내는 것을 싫어하는 습성이 있는 것이다.
그러나 황금률의 법칙을 믿는다면 먼저 행하라. 그러면 원하는 것을 얻을 것이다.

| 한자풀이 |

若(약) : 같다. 너. 만일. 若干(약간)
要(요) : 구하다. 요구하다. 원하다. 要請(요청)
重(중) : 무겁다. 무게. 重量(중량)
我(아) : 나. 외고집. 自我(자아)
過(과) : 지나다. 심하다.

　조조에 쫓긴 유비는 형주로 찾아 들었다. 때마침 유표가 그를 따뜻하게 맞아 주었고, 조그마한 성 신야까지 주었다.
　그 덕택으로 유비는 그곳을 근거지로 머물게 되었다.
　하루는 서서(徐庶)라는 사람이 찾아왔다.
　대화 끝에 인재에 대한 화제를 꺼냈다.
　"제갈공명은 와룡(臥龍)입니다. 장군께서 만나 보시지요."
　"숨어 있는 용이라 하니 당신이 모시고 오시지요."
　유비가 관심을 보이며 대답했다.
　"그분은 불러 모실 수 없습니다. 이쪽에서 찾아 가야 만날 수 있습니다. 친히 가 보시지요."
　조조에 쫓기는 유비라고 하지만 조그마한 성의 어엿한 군주였다. 자기 쪽에서 찾아간다는 게 못마땅했다. 하지만 뛰어난 신하가 필요한 처지였다.
　"찾아가 보기로 하지요."
　유비는 두 번 찾아가서도 코빼기조차 볼 수 없었다. 유비 입장에서 보면 무엄한 일이었다.
　그러나 그 정도 무례는 참기로 했다.
　그러기를 세 번째에 제갈양을 만날 수 있었다.
　세상 사람들은 이것을 두고 화제로 삼았다.
　세 번 찾아간 유비가 보통 군주가 아니었다.
　하지만 왕이 찾아왔다고 해서 냉큼 몸을 드러내지 않은 제갈양도 남달랐다.
　그런 두 사람이 힘을 합쳤으니 조조의 간담을 서늘케 할 수 있었던 것이다.

본래 삼고초려(三顧草廬)는 삼왕초려(三往草廬)가 원말이었다. '찾아가다'의 말로 '왕(往)'자가 쓰였던 것인데, 제갈양이 유비에게 출사표를 올리면서 '돌아보다'라는 뜻의 '고(顧)'자로 바꾸었다.

이러한 차이가 생겨난 것은 삼고초려는 '삼국지'의 객관적 관점에서의 서술이었고, 삼왕초려는 제갈양이 자신의 신하라는 관점에서의 서술이었기 때문이었다.

왕이 자신을 찾아온 것에 대한 겸손의 표현을 제갈양은 고려했던 것이다. 그의 인품이 잘 드러나는 대목이라 할 수 있다.

입과 혀, 즉 언어 사용에 대한
글들을 모았다.
몸 가운데에서 작기 그지없는 혀가
천하를 휘두르는 힘이 있음을 상기하며,
어떻게 사용하느냐에 따라
하늘과 땅 차이가 있음을 가르치고 있다.

언어편

言 語 篇

言不中理면
언 불 중 리
不如不言이니라
불 여 불 언

〈劉會〉

말이 이치에 맞지 않으면
말하지 않음만 못하다.

〈유회〉

| 해 설 |

　　입 다물고 가만히 있으면 중간이라도 될 텐데 종알거리다가 큰 코 다쳤다는 이야기를 심심치 않게 듣는다. 맞지 않는 말을 하면 상대가 혼란을 겪게 되고 신뢰를 할 수 없게 된다. 그런 사람이 사회에서 바르게 살 수 있기는 틀려먹은 것이다.
　　말이 이치에 맞으려면 논리적이어야 한다. 논리적인 말을 하려면 평소 독서량이 많아야 하고, 많은 사색 가운데에서 인생의 진리를 터득하게 된다. 그래야 이치에 맞는 말을 할 수 있다.

| 한자풀이 |

不(불) : 아니다. 말라. 不服(불복)
理(리) : 다스리다. 理致(이치)
如(여) : 같다. 따르다.
言(언) : 언어. 글. 문자. 발언하다. 言辯(언변)

예화

일제시대에 있었던 일이다. 십여 살 된 여학생이 독립운동을 했다는 이유로 일본 경찰에 잡혀왔다.

경찰이 소녀에게 다그치며 물었다.

"어린 것이 무슨 까닭에 깃발을 들고 기뻐하였는가?"

소녀는 거침없이 대답했다.

"잃어버린 물건을 다시 찾았으니 기뻤습니다."

"뭣이라고? 잃은 물건을 찾았다니, 그것이 무엇인가?"

소녀는 잠시 생각하다가 곧 입을 열었다.

"삼천리 금수강산입니다."

"아니! 뭐라고?"

일본 경찰이 어이없어 하자 소녀는 덧붙여 말했다.

"대대로 전해 오는 우리의 금수강산입니다."

경찰은 화가 나 소리쳤다.

"넌 어린 소녀야! 뭘 안다고 기뻐하느냐?"

어린 소녀는 어이없다는 듯이 조용히 말하기 시작했다.

"정말 뭘 모르는 말씀을 하시는군요. 얼마 전에 우리 어머니께서 바늘 하나를 잃어버리셨다가 하루 종일 찾으셨는데 저녁에야 겨우 찾으셨던 일이 있었습니다. 그 때 얼마나 기뻐하셨는지 아세요? 그런데 삼천리 금수강산을 찾았으니 바늘 찾은 기쁨에 비교하겠어요!"

소녀의 말이 끝났다. 일본 경찰은 어느 누구도 소녀의 말에 대꾸하지 못했다.

一言不中이면
일 언 불 중
千語無用이니라
천 어 무 용

〈劉會〉

한 마디 말이 맞지 않으면
천 마디 말이 쓸데없다.

〈유회〉

| 해설 |

거짓말탐지기의 등장은 말에 대한 심리를 추적하는 기계로서 유용하게 쓰인다.
거짓말이라는 것은 꼬리에 꼬리를 물고 거짓말을 하게 한다. 즉, 거짓말을 했다면 천 마디 말을 늘어놓아 보아야 첫 거짓말을 감추기 위해 새끼 친 것뿐인 것이다.
첫단추가 잘못 끼어졌는데 그 다음은 보나 마나가 된다. 어떤 인간이 되어야 하는가. 첫단추를 잘 껴야 하는 것을 잊지 말자.

| 한자풀이 |

中(중) : 가운데. 마음. 中心(중심)
천(千) : 일천. 많다. 千萬(천만)
無(무) : 없다. 말라. 금지하는 말. 無智(무지)
용(用) : 쓰다. 행하다. 用役(용역)

예화

초나라에 살았던 계프라는 사람은 한 마디 말로써 신퇴만점의 대표적 인물이었다. 쉽사리 응낙 같은 것을 하지 않았지만 일단 하겠다는 한 마디에 대해서는 반드시 그 약속을 지켰다. 그래서 사람들은,

"황금 백근을 얻는 것은 계포의 일낙(一諾)을 얻는 것만 같지 않지요."

평판을 할 정도였던 것이다.

초나라 항우와 한나라 유방의 대결이 있게 되자 계포는 항우의 명을 받아 유방을 공격하며 괴롭혔다.

운명을 다하게 된 항우가 사면초가 속에서 자멸하게 되고 계포는 종적을 감추었다.

'계포를 잡아오는 자에게 포상함'

유방이 현상금을 내걸고 잡아들이려고 했지만 그의 자취는 묘연했다. 그를 숨겨 주는 자는 일족을 몰살한다는 포고령까지 내렸어도 잡아오는 사람이 없었다.

하지만 유방은 추적의 촉수를 늦추지 않고 계포를 뒤쫓았다. 위급해진 계포는 스스로 노예가 되어 노나라로 팔려 갔다. 그곳 주가(朱家)의 집에서 노예로 살던 도중 주인에게 신분이 들통 났지만, 오히려 그를 지켜 주었다.

얼마 뒤 유방의 신하 하우영이

"계포를 사면해 주십시오. 그는 약속을 어기지 않는 훌륭한 인물입니다."

유방도 계포의 평판 앞에서 어떻게 해 볼 수 없었다. 그를 사면해 주고 장군으로 발탁해 인재로 썼던 것이다.

口舌者는 禍患之門이요 滅身之斧也니라
구설 자　　화 환 지 문　　　멸 신 지 부 야
〈君平〉

입과 혀는 재앙과 근심의 문이요,
몸을 망치는 도끼이다.

〈군평〉

| 해설 |

　　배는 자그마한 키(방향타) 하나로 방향을 조정해 목적지에 도달할 수 있다. 사람의 입은 몸 전체에 비해 지극히 작고 또 그 안에 든 혀 또한 조그마하지만, 그것이 해내는 위력은 그 작음에 따를 수 없다.
　　말과 소에게 자갈을 물리는 것은 선한 목적에 쓰고자 함이다. 마찬가지로 우리도 선한 삶을 살기 위해 스스로 자갈을 물릴 줄 알아야 한다. 한 번 뱉은 말은 다시 담을 수 없고, 상대에게 상처 준 말은 치료하기가 어렵다. 천하를 다스리기보다 혀 하나 다스리기가 더 어렵다고 한다.

| 한자풀이 |

舌(설) : 혀. 舌禍(설화)
禍(화) : 재화. 불행. 禍根(화근)
門(문) : 문. 출입문. 문간. 문전. 집안. 大門(대문)
患(환) : 근심. 고통. 憂患(우환)
滅(멸) : 멸망하다. 끄다. 滅種(멸종)

예화

중국 삼국 시대의 조조는 영리한 사람이었다.

하지만 자기보다 잘난 사람은 가차없이 처단해 버리는 잔악성을 보이는 영리함어 남달리 뛰어난 인물이었다.

그런 그에게 혀를 잘못 놀렸다가 죽음에 이른 사람이 적잖았다.

그 중 한 명에 양수(楊修)라는 사람이 있었다.

" '활(活)' 이라고 대문에 써 붙인 것은 조금 줄여서 지으라는 뜻이야."

양수가 새로 지은 조조의 별장을 보고 그렇게 말했다.

조조는 새 별장이 너무 크게 지은 것에 블만을 갖고 '활(活)'를 써 붙여 놓았는데 양수가 그걸 알아챘던 것이다.

그래서 '활(闊)' 자라고 그 한쪽에 써 붙여 놓게 했다. 조금 작게 지으라는 뜻이었다.

조조는 놀랐다.

자신이 써놓은 글의 뜻을 알아챈 자가 있으니 그는 자신보다 더 영리한 사람이 아닌가.

조조는 그렇게 생각했다. 조조의 마음 속에 양수는 요주의 인물로 새겨졌다.

이 일이 있고도 그 후, 양수의 말하는 것과 하는 짓이 어느 누구도 따를 수 없는 영리함으로 가득했다.

조조는 그를 죽이기로 했다.

"나보다 더 똑똑한 늠이 있으면 안 돼."

그것도 모르고 양수는 계속 잘난 소리를 했다.

드디어 양수는 죽임을 당했다.

조조의 마음을 환히 꿰뚫어 보는 말을 하는 데에 조조는 더는 참을 수 없었던 것이다.

"양수는 입과 혀를 놀려 우리들의 마음을 어지럽히고 있다. 내 생각과 마음을 제대로 헤아리지 못하는 말을 함부로 했던 것이다."

죄목은 이런 것이었지만, 사실 양수는 그 좋은 두뇌로 조조에게 많은 도움을 준 학자였다.

분수에 넘치는 말도 서슴지 않았다.

군법에 따라 목이 베인 양수는 살아날 길이 없었다.

아깝게 자신을 망치고 말았다.

알아두기

조조-자 맹덕(孟德). 묘호(廟號) 태조(太祖). 시호는 무황제(武皇帝)라 추존되었다. 패국(沛國)의 초(安徽省 亳縣) 출생. 환관의 양자의 아들인데, 황건란(黃巾亂) 평정에 공을 세우고, 두각을 나타내어 마침내 헌제(獻帝)를 옹립하고 종횡으로 무략(武略)을 휘두르게 되었다. 화북(華北)을 거의 평정하고 나서 남하를 꾀했는데, 208년 손권(孫權)·유비(劉備)의 연합군과 적벽(赤壁)에서 싸워 대패, 이후도 그 세력이 강남(江南)에는 미치지 못하였다.

같은 해 승상(丞相), 213년 위공(魏公), 216년 위왕(魏王)의 자리에 올랐다. 그는 정치상의 실권은 잡았으나 스스로는 제위에 오르지 않았고, 220년 정월 낙양(洛陽)에서 죽었다. 문학을 사랑하여 많은 문인들을 불러들였다.

알아두기

고사성어-고사(故事)라는 말은 옛날부터 전해 내려오는 유래 있는 일, 또는 옛일을 말하는 것이고, 성어(成語)라는 말은 숙어, 또는 옛사람이 만들어 널리 세상에서 쓰여지는 말을 말한다.

고사성어란 예전부터 전해 오는 유래 있는 일로 그 말이 성립된 시대의 역사적 상황과 또 그 말을 만든 인간의 체험과 그것을 통해서 삶의 지혜가 농축되어 살아 숨 쉬고 있는 말이다. 대부분, 2자(二字), 3자(三字), 사자(四字) 등으로 된 숙어를 말한다.

한국·중국에서 발생한 고사성어는 '어쿠지리'처럼 사자성어(四字成語)가 대부분이지만, 단순한 단어로서 예사롭게 쓰는 '완벽'이나 벼슬에서 물러난다는 '괘관', 도둑을 뜻하는 '녹림' 등도 고사성어에 속한다. 흔히 쓰는 '등용문' '미당인'과 같은 삼자성어(三字成語)도 있으며 8자, 9자로 된 긴 성구도 있다.

고사성어라고 할 때의 고사란 그 말이 관련 사건·사실이 있다는 점에 치중하여 쓴 용어이며, 고사중에서도 좀더 구분하면 다음과 같다.

즉, 고사성어(故事成語)는 어떤 사건의 연고에 밀접하게 연관되어 생성된 말을 지칭하는 것이고, 고사성어(古事成語)는 흔히 고사성어(故事成語)와 혼용되나, 일반적으로 특정한 연고없이 옛날에 이루어진 관용적인 표현의 한자어를 말한다.

벗을 사귀는 일에 더한
글들을 모았다.
인간관계에서 벗의 중요성을 말하면서,
그러나 사람은 겪어보고 세월이 흘러야
그 진실됨을 알 수 있음을
가르치고 있다.

교우편

交 友 篇

相識이 滿天下하되
상 식　　만 천 하
知心能幾人고
지 심 능 기 인

〈孔子〉

서로 아는 사람이 천하에 가득하여도
마음을 아는 사람은 능히 몇 사람이나 되겠는가?

〈공자〉

| 해 설 | '군중 속의 고독'이라는 말이 오래 전부터 사람들의 입에 오르내렸다. 인간은 근본적으로 고독한 존재이기 때문에 아무리 사람들 속에 있다고 해도 고독에서 벗어날 수 없다.
친구가 아무리 많아도 외로움에서 벗어날 수 없고, 그 많은 친구 중에서도 자기를 바로 알아주는 사람은 몇 되지 않는다.
그래서 사람의 일생은 마음을 알아주는 사람을 찾는 일일지도 모른다. 자기 마음을 알아주는 남편, 아내, 마음을 알아주는 친지. 그런 사람을 만나면 모든 것을 주고 싶어지는 것이다.

| 한자풀이 |
相(상) : 서로. 바탕. 相面(상면)
識(식) : 알다. 판별하다. 識者(식자)
知(지) : 알다. 분별하다. 知彼知己(지피지기)
幾(기) : 기미. 낌새. 조짐. 幾微(기미)

예화

춘추 전국 시대 때 거문고의 명인이라면 백아(伯牙)를 꼽았다. 그 뛰어난 솜씨를 가장 잘 알아주는 사람이 친구 종자기(種子期)였다.

백아가 높은 산을 묘사한 곡을 탄주하면 종자기는 태산 같은 높은 산이라고 알아 맞추었고, 흐르는 황하의 강물을 묘사하면, 도도히 흐르는 황하라고 맞추곤 했다.

한번은 둘이서 태산에 놀러 갔다가 소나기를 피해 바위 아래 들어간 적이 있었다. 비가 빨리 그치지 않자 무료함을 달래기 위해 백아가 거문고를 탔다.

소나기가 퍼붓는 광경을 묘사하고, 흙더미가 빗물에 무너져 내리는 장면을 묘사하는 곡을 탄주했는데, 종자기는 그 곡이 무엇인지 어긋남이 없이 알아맞혔다.

백아는 잡고 있던 거문고를 놓으면서,

"정말 자네는 잘도 맞추네. 어쩌면 그리도 자네 마음이 내 마음과 꼭 들어맞는가!"

하고 종자기를 친구로서 극찬했던 것이다.

그런 친구인 종자기가 죽었다. 백아는 자기를 알아주는 친구를 잃은 게 원통해 슬퍼하였다. 슬픔이 컸기에 백아는 거문고의 줄마저 끊어버렸다. 자기의 음악을 진정으로 알아주는 친구가 없는데 그 음악이 무슨 소용이 있겠는가! 백아는 거문고를 다시는 타지 않았다.

이 두 친구의 일화는 감동적이다. 이때 생겨난 것 중에 지음(知音)이라는 것도 있다. 음악을 이해한다는 뜻의 지음이라는 말은 '서로 마음이 통하는 친구'로서의 의미로도 통한다.

酒食兄弟는 千個有로되 急難之朋은
주 식 형 제   천 개 유   급 난 지 붕
一個無니라
일 개 무

〈孔子〉

술과 음식을 나눌 때 형이니 아우니 하는 친구는 천으로 많아도 위급할 때의 벗은 하나도 없다.

〈공자〉

| 해 설 |

　　인간이란 어떤 존재인가를 꿰뚫은 공자의 말에서 섬뜩한 느낌이 폐부를 찌르지 않는가?
　　그 많던 친구가 하루아침에 사라져 버리는 모습을 상상해 보자.
　　영화나 소설에서도 감동을 주는 대목은 불행한 처지에 빠진 친구를 위해 목숨을 버리는 장면이 아니겠는가! 진정한 친구인지 아닌지는 위급할 때 처신하는 모습을 보면 알 수 있다. 평소에 목숨을 내놓을 것처럼 절친하던 친구라고 해도 어려움에 빠진 친구를 나 몰라라 쳐다보지 않는다면 친구라 할 수 없다.

| 한자풀이 |

兄(형) : 맏이. 형. 兄弟(형제)
個(개) : 낱. 개. 個體(개체)
急(급) : 급하다. 빠르다. 危急(위급)
難(난) : 어렵다. 재앙
朋(붕) : 벗. 친구. 무리

 예화

당송 팔대가의 한 사람인 유종원이 좌천되었다. 개혁적인 정책을 펼쳐나간데 대해 보수파들이 반대를 하고 나서며 음모를 꾸몄던 것이다.

이런 암투 속에서 동료인 유몽득도 지방으로 좌천되자 유종원은 가슴이 아팠다. 무엇보다 유몽득이 모시고 있는 홀어머니에게 좌천 사실을 알릴 수 없어 하는 모습이 눈물겨웠다.

"여보게, 어떻게 어머니에게 알 릴 수 있겠는가. 좌천되어 갈 곳이 사람이 살 곳이 아니란 말일세."

유몽득의 이런 말을 들은 유종원은 눈물을 흘리며 말했다.

"어머니께 말씀 드리지 못하며 난처해 하는 자네 모습을 차마 볼 수 없네. 어찌 그런 곳에 늙은 어머니를 모실 수 있겠는가. 차라리 자네를 대신해 내가 자청해 그곳으로 가겠네."

이 우정 어린 친구의 이야기를 들은 한유 또한 깊은 감동을 했다. 한유는 그의 저서 '유자후묘지명'에 유종원과 유몽득의 우정을 기리는 글을 다음과 같이 남겼다.

'평소에 사람들은 서로 담소하며 술좌석에서도 함께 잘 어울린다. 겸손을 보이며 손을 잡고, 간과 쓸개를 꺼내어 서로 보이고, 태양을 가리키며 변하지 않겠다는 맹세를 한다.'

그런데, 사람들은 변심을 한다. 간을 꺼내어 보이면서까지 맹세한 사람들이 아주 사소한 일에 등을 돌려 헤어지고 만다. 상대방에게 상처를 주고, 심지어 곤경에 빠뜨린다.

유종원과 유몽득의 우정을 기린 한유의 간담상조(肝膽相照). 세상이 배신으로 가득 찼다 해도 간을 꺼내어 보일 수 있을 정도로 마음을 터놓고 상대할 친구는 어딘가 있는 법이다.

不結子花는 休要種이요
불 결 자 화　휴 요 종
無義之朋은 不可交니라
무 의 지 붕　불 가 교

〈孔子〉

열매를 맺지 않는 꽃은 반드시 심지 말고
의리없는 친구는 사귀지 말라.

〈공자〉

| 해설 |

　씨가 좋아야 좋은 열매를 맺고, 의리가 있어야 서로의 길흉사를 함께 헤쳐 나갈 수 있는 게 세상이다. 의리라는 것은 이해타산을 넘는 정의로운 마음인데, 이것이 사라진 세상은 열매 없는 나무와 같다. 그 나무는 잘라 아궁이에 들어갈 일만 남은 것이다. 의리란 말하자면 사람 사이에 열매를 맺게 해주는 원동력이라는 것이다.
　오늘날 권력과 황금에 눈이 어두워 의리는 개 차반으로 여기는 경향이 되었는데, 극도의 이기주의와 경쟁주의로 각박해졌기 때문이다.

| 한자풀이 |

結(결) : 맺다. 열매를 맺다.
花(화) : 꽃. 꽃답다. 아름다운 것의 비유. 花卉(화훼)
休(휴) : 쉬다. 그만두다.
種(종) : 씨. 근본. 種子(종자)
交(교) : 사귀다. 주고받고 하다. 서로. 交際(교제)

　춘추 전국 시대 때 노나라 사람 양호는 사람을 잘 본다는 자신감에 차 여러 사람을 관직에 천거해 주고는 했다.
　그러나 나중에 그가 곤경에 처했을 때 아무도 그를 도와주는 사람이 없었다.
　이 양호를 두고 조나라의 간주라는 사람이 한 말이 있다.
　"군자는 사람을 심는 일에 신중을 기해야 하지요. 마치 탱자나무나 가시나무를 심은 사람이 나중에 그 가시에 찔린다고 하잖았소. 심을 때의 목적은 단 과일을 따먹을 뜻에서 한 것인데 말이오."
　간주가 그런 말을 한 데는 그만한 이유가 있었다.
　양호가 노나라에서 관란을 일으키고 제나라로 도망을 쳤고, 또 그곳에서도 또 조나라로 도망을 갔던 것이다.
　조나라의 간주가 알기로 양호라는 사람은 사람을 천거해 심는데 능란하다고 들었는데 아무도 도와주는 사람이 없어 의아했던 것이다.
　그래서 양호에게 간즈가 묻기를,
　"사람을 천거해 심어두는데 뛰어나다는 말을 들었습니다."
　양호를 생각해 주었는데, 양호의 대답은 뜻밖이었다.
　"노나라에 있을 때는 세 사람을 천거해 벼슬자리에 앉게 했는데 모두다 고을의 수령이 되었답니다. 그런데 노나라에서 죄를 짓자 이들 셋 모두 나를 잡으려 하지 않겠습니까! 제나라에 가서도 세 사람을 천거해 높은 자리에 오르게 해 줬는데 그 하나는 저를 본체도 하지 않았고, 또 하나는 저를 잡으려 했고, 또 하나는 뒤쫓아와 잡으려 했습니다. 이렇게 당하고 보니 사람을 잘못 천거해 심은 것이지요."

간주는 듣고 보니 안타까운 일이었다.

"허참. 사람 심는 일은 정말 신중해야겠습니다."

하고 말하지 않을 수 없었다.

인간이 얼마나 의리가 없는지를 단적으로 이야기해 주는 일화이다.

알아두기

논어(論語) – 논어는 유가(儒家)의 성전(聖典)이라고도 할 수 있다. 사서(四書)의 하나로, 중국 최초의 어록(語錄)이기도 하다. 고대 중국의 사상가 공자(孔子)의 가르침을 전하는 가장 확실한 옛 문헌이다. 공자와 그 제자와의 문답을 주로 하고, 공자의 발언과 행적, 그리고 고제(高弟)의 발언 등 인생의 교훈이 되는 말들이 간결하고도 함축성 있게 기재되었다.

《논어》라는 서명(書名)은 공자의 말을 모아 간추려서 일정한 순서로 편집한 것이라는 뜻인데, 누가 지은 이름인지는 분명치 않다. 편자에 관해서는 숭작참(崇爵讖)의 자하(子夏) 등 64제자설(六四弟子說), 정현(鄭玄)의 중궁(仲弓)·자유(子游)·자하(子夏)설, 정자(程子)의 증자(曾子)·유자(有子)의 제자설, 그 밖에 많은 설이 있으나 확실치 않다.

현존본은 〈학이편(學而篇)〉에서 〈요왈편(堯曰篇)〉에 이르는 20편으로 이루어졌으며, 각기 편 중의 말을 따서 그 편명(篇名)을 붙였다.

路遙知馬力이요 日久見人心이니라
노 요 지 마 력　　　일 구 견 인 심
〈孔子〉

길이 멀어야 말의 힘을 알 수 있고,
시일이 오래 지나야 사람의 마음을 볼 수 있다.
〈공자〉

| 해 설 | 열길 물속은 알아도 한 길 마음속은 모른다는 것처럼 그 사람의 진면목을 알기란 세월을 거쳐야 하는 알 수 있는 것이다.
　그러니 함부로 외향만 보고 상대를 깔보거나 업신여긴다면 그릇된 태도다. 시간이 지나야 한다는 것은 어려운 일도 겪고 애경사를 치르다 보면 그 사람의 참된 모습이 드러나기 때문이다. 그래서 포도주는 묵은 것일수록 맛이 있고, 친구도 오래된 친구가 진면목이 있는 것이다.
　세월을 거치지 않고 참된 모습을 알 수 없는 게 세상사다.

| 한자풀이 |
遙(요) : 멀다. 거닐다. 逍遙(소요)
馬(마) : 말. 크다. 馬車(마차)
久(구) : 오래다. 변하지 아니하다. 永久(영구)
日(일) : 해. 태양. 햇볕. 햇빛. 日出(일출)
見(견) : 보다. 생각해 보다. 見本(견본)

조나라의 왕자 평원군의 집에는 늘 수많은 식객이 들끓었다. 선비를 후하게 대하는 평원군의 배려 때문이었다.

한번은 진나라 군사가 조나라를 쳐들어왔다.

서울 한단을 포위하자, 조나라는 평원군을 사절로 보내 초나라와 동맹을 맺기로 했다.

평원군은 식객 중 용기와 재주가 뛰어난 자 20명을 데리고 가려고 그 선발을 했다.

19명은 채웠는데 나머지 한 명이 마땅한 자가 없었다. 그 때에 모수(毛遂)라는 자가 자원했다.

평원군이 본 적이 없는 얼굴이었다.

"언제 내 집에 들어왔는가?"

"3년 되었습니다."

"한번도 자네 이름을 들어본 적이 없다. 무릇 뛰어난 사람이라면 주머니 속의 송곳처럼(囊中之錐) 그 재주가 드러나게 마련인데 그대는 3년 동안 그렇지 못했다."

평원군의 난색에 대해 모수의 대답은 예리했다.

"그건 오늘 처음으로 주머니에 넣어 달라고 원했기 때문이 아니겠습니까? 일찍부터 넣어 주셨더라면 송곳 끝이 아니라 송곳의 자루까지 드러났을 것입니다."

"어허, 자네 말이 일리가 있구나. 함께 가도록 하게."

초나라에 따라간 모수는 어떠했을까?

초나라와의 협상을 이뤄내는 큰일을 해냈던 것이다.

부녀자의 행실에 대한
글들을 모았다.
여자에게 4가지의 아름다운 덕이 있으며
그 덕이야말로 필히 갖춰야 할 덕목이며,
한 가정을 행복되게 하는 기본은
그 덕을 실행하는 데 있음을 가르치고 있다.

부행편

婦 行 篇

女有四德之譽하니 日曰婦德이요
여 유 사 덕 지 예   일 왈 부 덕
二曰婦容이요 三曰婦言이요
이 왈 부 용   삼 왈 부 언
四曰婦工也니라
사 왈 부 공 야

〈益智書〉

여자에게 네 가지 덕의 아름다움이 있으니
첫째는 부덕이요, 둘째는 부용이요, 셋째는 부언이요,
넷째는 부공이다.   〈익지서〉

해설

네 가지를 다 갖추는 것을 이상으로 여겼던 옛 사람의 말이 오늘이라고 어느 하나 빠지지 않는다. 마음씨, 맵씨, 말씨, 솜씨 좋은 여자가 이뤄내는 가정은 말 그대로 행복이 가득한 집이 될 것이다.

그 행복을 남자 또한 같은 덕목을 갖춰 함께 한다면 정말 금상첨화가 아니겠는가! 그래서 한 가정을 일으키는 데에 여자의 힘이 크고, 예부터 여자가 갖춰야 할 덕을 소중히 여겼던 것이다.

한자풀이

德(덕) : 덕. 행위. 어진이. 德望(덕망)
容(용) : 얼굴. 모습. 몸가짐. 容貌(용모)
婦(부) : 며느리. 아내. 여자. 婦人(부인)
譽(예) : 기리다. 가상히 여기다. 名譽(명예)

예화

아비가 시집갈 딸을 앞에 놓고 가르치고 있었다.

"첫째, 부덕이란?"

"반드시 총명함이 뛰어남을 말하는 것은 아니라고 했습니다."

"둘째, 부용이란?"

"반드시 얼굴이 아름답고 고움을 말함이 아니라고 했습니다."

"세째, 부언이란?"

"반드시 구변이 좋아 말을 잘하는 것을 말함이 아니라고 했습니다."

"그럼, 넷째, 부공이란?"

"반드시 손재주가 남보다 뛰어남을 말함이 아니라고 했습니다."

아비된 자는 딸이 사덕(四德)을 잘 지켜 시집가서 잘 살 수 있기를 내심 빌지 않을 수 없었다. 그렇게 생각하며 그간 가르쳐온 익지서의 사덕을 다시 한번 풀이해 주었다.

"절개가 곧으며 분수를 지켜 몸가짐에 있어서 부끄러움을 알고 행동을 법도에 맞게 하는 것이 부덕이란다. 먼지나 때가 없게 깨끗이 빨아 옷차림을 정결하게 하며, 목욕을 제때에 하여 몸에 더러움을 없게 하는 것이 부용이란다. 말을 가려서 하고, 예의에 어긋나는 말을 하지 않고, 꼭 해야 할 때에 말해서 사람들이 그 말을 싫어하지 않는 것이 부언이란다. 가사일에 부지런하고 술을 좋아하지 않고, 맛좋은 음식을 장만하여 손님을 접대하는 것이 부공이란다."

賢婦는 令夫貴요
현부　　영부귀
佞婦는 令夫賤이니라
영부　　영부천

〈太公〉

어진 아내는 남편을 귀하게 하고,
악한 아내는 남편을 천하게 한다.

〈태공〉

| 해설 |

어질다는 것은 너그럽다와 관련이 되고, 악하다는 것은 속 좁은 것과도 통할 수 있다.
　　서로가 부족함이 많은 게 남자와 여자이고 보면, 용서와 이해의 폭을 넓히는 여자가 남편을 귀하게 하고 가정에 밝은 빛을 깃들게 한다는 것임을 명심하자.
　　다시 말하자면 남자나 여자는 각기 다 허물이 있고 모자람이 있지만 그것을 덮어주며 상대를 높이며 사는 것이 사람의 길이라는 것이다.

| 한자풀이 |

令(영) : 영. 우두머리. 좋다
貴(귀) : 귀하다. 신분이 높다. 빼어나다. 우수하다. 귀히 여기다. 貴賓(귀빈)
夫(부) : 지아비. 사나이. 장정. 大丈夫(대장부)
賤(천) : 천하다. 신분이 낮다. 貴賤(귀천)

예화

아내를 맞은 그날 밤, 허윤은 마지못해 신방에 들어갔다.

생각했던 대로 신부를 마주 대하자 더 이상 참기 어려웠다. 방을 나서려는데 신부가 그의 옷깃을 잡았다.

"제 용모 때문에 그러시는가요?"

허윤은 방으로 들어오기 전 환범이 들려준 말이 기억났다.

"완씨 집안에서 못생긴 딸을 그대에게 시집보낸 것은 용모 외에 다른 것이 있을 걸세. 그러니 생각을 깊이 하게."

그 말대로 신부 완녀는 얼굴이 잘 생기지 못했다.

이런 색시가 그의 옷깃을 잡은 것이었다.

허윤은 뿌리칠 수 없어 대신 질문을 던졌다.

"예부터 부인된 자에게 사덕(四德)이라는 게 있소. 몇 가지를 갖췄소이까?"

별 기대하지 않으며 허윤은 문고리를 잡았다.

"무슨 말씀인지 알겠습니다. 보시다시피 제게는 용모는 없습니다. 하지만 제가 여쭤 보겠습니다. 선비에겐 백행(百行)이 있다 하는데 선비 당신께서는 몇 가지나 갖추셨는지요?"

신부의 의외의 말에 허윤은 잠깐 놀랐다.

그러나 곧 다 답했다.

"다 갖추었소이다."

신부는 조용히 말했다.

"듣기로 백행 중에 덕행이 제일이라 하더군요. 그런데 당신께서는 여색을 좋아하면서 덕은 좋아하지 않으시는 것 같습니다. 백행을 다 갖췄다는 말은 아무래도 허언이 아니겠습니까?"

신부의 말이 허윤의 가슴을 찔렀다.

잡았던 문고리를 놓고 그 손으로 신부의 손을 잡았다.

부끄러웠지만 좋은 색시를 얻었다는 것을 깨달았다.

완덕여라는 여인은 얼굴은 못생겼지만 지혜와 덕이 있는 여자였다.

역경도 잘 헤쳐 나가며 남편을 받들었다.

알아두기

덕(德)- 옛 사람은 덕을 내용에 따라서 이덕(二德)·삼덕(三德)·사덕(四德)·십덕(十德) 등으로 구분하였다.

예컨대 이덕이란 《좌씨전(左氏傳)》의 주(註)에 의하면 신(信)과 인(仁)으로 되어 있다.

삼덕이란 《서경(書經)》에 의하면 정직(正直)·강극(剛克)·유극(柔克)으로, 《주례(周禮)》에서는 지덕(至德)·민덕(敏德)·효덕(孝德)으로, 《장자(莊子)》에서는 상덕(上德)·중덕(中德)·하덕(下德)으로, 《중용(中庸)》에서는 지(智)·인(仁)·용(勇)으로 되어 있다.

사덕은 《주역(周易)》에서는 원(元)·형(亨)·이(利)·정(貞)으로, 《서경》에서는 흠(欽)·명(明)·문(文)·사(思)로, 《예기(禮記)》에서는 부덕(婦德)·부언(婦言)·부용(婦容)·부공(婦功)으로 되어 있다.

십덕은 《시경(詩經)》의 주(註)에 의하면 인(仁)·지(知)·예(禮)·의(義)·신(信)·악(樂)·충(忠)·천(天)·지(地)·덕(德)으로 되어 있다.

賢婦는 和六親하고
현부　 화 육 친
佞婦는 破六親이니라
영부　 파 육 친

〈太公〉

어진 아내는 육친을 화목하게 하고,
간악한 아내는 육친의 화목을 깨뜨린다.

〈태공〉

| 해설 |

"며느리 잘못 들어와 그 집안의 복이 물러갔어." 하는 말에 대해 요즘의 여자들은 발끈 화를 낼지도 모른다. 어느 시대라고 감히 여자를 비하하는 말이냐고 말이다.

하지만 어쩌랴. 못난 구석밖에 없던 남편의 집안도 어진 아내를 맞아들인 이후, 흥하고 평화를 누리는 우리의 이웃이 얼마든지 있는 것을 보게 되는 것을!

여자는 집안의 행복만들기의 마법을 가지고 있는 것이다.

| 한자풀이 |

賢(현) : 어질다. 어진 사람. 賢淑(현숙)
和(화) : 화하다. 합치다. 和親(화친)
親(친) : 친하다. 사랑하다. 가깝다. 화목하다. 친히. 손수. 親知(친지)
破(파) : 깨뜨리다. 일을 망치다. 破綻(파탄)

"정경부인은 곧은 성품에 어진 분이시지요. 어려운 친척도 돕다 보니 화목한 일가를 이루시는 것이지요."

마을 사람들은 정경부인이 어려운 사람을 돌보며 정이 많은 부인인 것을 칭찬하고는 했다.

하지만 같은 마을에 살면서 그렇지 못한 정부인이 있었다.

"어쩌면 그럴 수 있겠어요. 그 정부인은 권세가에 아부하고 자기 이익 챙기기에 급급해 한다지요."

고려의 서울 개경(지금의 개성)의 한 마을에 이렇게 다른 두 부인이 살고 있어서 그 당시 입에 오르내리고는 했다.

당연히 사람들은 정경부인에게 호감을 품었고, 정부인에게는 거부감을 가졌다.

이렇게 두 집안의 안주인의 처세가 다르다 보니 처음에는 두 집이 잘되는 듯했다.

그러나 세월이 흐르면서 정경부인의 어진 덕을 잊지 않고 존경하는 마음을 갖다 보니 날로 집안이 더 잘 되어 갔다.

그런 반면 정부인네 집안은 처음에는 잘되는 듯하다가 기울기 시작했다.

정부인이 남편의 벼슬을 이용해 몰래 사람들로부터 뇌물을 받으며 재물을 쌓았기 때문이었다.

재물에 맛을 들인 정부인은 남편의 권세를 이용해 돈을 받고 벼슬을 파는 짓까지 했다. 양심에 어긋나는 짓을 일삼았던 것이다.

그러나 어느 날 도적들이 난입해 들어와 돈과 재물을 남기지 않고 털어가는 사건이 벌어졌다.

하루아침에 빈 털털이가 되고 말았다. 엎친 데 덮친다더니 뇌물을 받고 온갖 죄악을 저지른 일이 조정에 탄로가 나 남편이 벼슬에서 쫓겨나고 말았다.

귀양까지 갔으니, 집안의 가세는 엉망이 되고 말았다.

집안은 풍비박산이 났다.

부모 형제가 흩어지고, 자식들마저 헤어져야 했으며, 일가 친척들까지 피해를 입게 되었다.

한 집안의 부인이 저지른 잘못이 집안을 폐허처럼 망쳐놓은 것이다.

그런데 비해 정경부인의 집안은 날로 그 착함과 덕으로 사람들의 존경을 받았다.

대대로 벼슬을 하며 마을과 친인척에 덕을 끼쳤던 것이다.

새롭게 풀어 쓴 명심보감

초판1쇄-2016년 4월 30일

지은이-21세기 역사 바로 알기 위원회
펴낸이-이 규 종
펴낸곳-예감출판사
등록-제2015-000130호
주소-경기도 고양시 일산동구 공릉천로 175번길 93-86
전화-031-962-8008
팩스-031-962-8889
홈페이지-www.elman.kr
전자우편-elman1985@hanmail.net

이 책의 내용의 일부 또는 전부를 재 사용하려면 반드시
저작권자와 예감출판사 양측의 동의를 얻어야 합니다.